KB182399

미래 녹색성장 첨단 혁신경영 모델

탄소제로도시
마스다르의 도전

미래 녹색성장 첨단 혁신경영 모델

탄소제로도시
마스다르의 도전

새만금이 주목하는 세계 최초 Zero Carbon City, 아부다비 마스다르.
그린 뉴딜 시대를 준비하는 글로벌 녹색생존전략에 관한 첫 보고서

임은모 지음

▼ 2009년 2월 오바마 미국 행정부가 들어서면서부터 '그린 뉴딜'을 들고 나온 점이야말로 세계 경제 운용에서
성장동력으로 작용하고 있다.

MASDAR

녹색성장, 녹색강국의 길을 찾다

전 세계가 '녹색성장'에 주목하고 있다. 국내외를 가르지 않고 모든 언론매체는 여기에 한 술 더 떠서 '녹색혁명'이라든가 '제로카본 시티(Zero Carbon City)'를 화두로 삼는 일마저 우리는 이미 식상한 상태까지 이르렀다.

분명 여기에는 이유와 명분이 있다. 지난 2008년 7월 석유 1배럴당 147달러라는 고유가 시대를 경험함이 그 이유에서다.

여기다가 2008년 9월 미국발 금융위기가 실물경제로 옮기면서부터 전 세계가 경제적 불황에 몸살을 앓자 지금의 경제 운용으로는 우리 삶의 질을 높이는 데 한계가 있다는 공감대가 설득력의 단초가 되었다. 그렇다고 지구촌 경제의 경제운용을 멈출 수 없다. 숱한 위기에도 굴하지 않고 다시 일어났던 역사와 경험이 이를 용납하지 않는다. 시간이 흐르고 햇수가 바뀜에 따라 '위기가 곧 기회'라는 희망과 비전을 삼는다 점에 감사하는 분위기도 역력했다.

2009년 2월 오바마 미국 행정부가 들어서면서부터 '그린 뉴딜'

을 들고 나온 점이야말로 세계 경제 운용에서 성장동력으로 작용하고 있다. 강력한 발전의 탄력을 발휘하고 있다.

한국 이명박 정부도 이미 '저탄소 녹색성장'을 정책 0순위로 올려놓은 것과 같은 맥락이자 동격이나 다름없다.

그러나 아직까지 성과물은 없다. 그린 뉴딜에 히트 상품이 별로 없다. 아무리 후한 점수를 준다고 해도 진행형이라는 점에서 자유스럽지 못하다.

그동안 우리는 경제발전이라는 구실을 내세워 앞만 보고 달린 결과 하나뿐인 지구를 온난화 주범으로 전락시키고 말았다. 다행스럽게도 늦게나마 세계인들은 이에 대한 반성으로 '자연'과 '환경', 그리고 '인간'과 '도시'를 새롭게 생각하지 않을 수밖에 없는 극한 상황에서 제정신을 차리기 시작했다.

그 비전과 과제가 바로 '녹색혁명'과 '녹색성장'이다.

따라서 녹색성장의 생성과정과 결과물에 관한 기대는 모든 국가들에게 절대절명의 과제 이상의 가치와 의미를 함께 지니고 있다.

그게 미국과 유럽, 중국과 일본, 그리고 한국을 비롯한 중동지역이라는 점이 경이와 기대를 받기에 충분조건이 된다.

최근 들어 중동지역이 녹색성장에서 최대의 강자로 떠오른 것도 경이로움 그 자체가 된다. 왜냐하면 그들은 천연자원의 보고이자 석유산유국이기 때문이다.

석유 수출로 국가재정을 운용하는 중동국가들이 그린 도시국가를 건설하는 데 앞장서는 것 그 자체가 아이러니한 역사적 사건이 되고 있기 때문이다.

특히 아랍에미리트연합(UAE)의 맏형 격인 아부다비가 세계 최초 제로카본시티(Zero Carbon City)인 아부다비 마스다르(Abu Dhabi Masdar)를 구축하면서 그 중심에 자리를 잡고 있다.

미국 에너지청(US Department of Energy) 발표에 따르면 UAE의 석유매장량은 1,016억 배럴로 전 세계 총 매장량의 9.6%를 차지하고 있다. 천연가스는 213조 5,000억 입방피트에 달한다. 여기에서 아부다비가 차지하는 비율은 약 92%다.

자원대국인 도시국가 아부다비가 세계 최초로 제로카본시티(Zero Carbon City)를 향해 힘찬 삽질을 단행하고 있다는 점은 우리를 놀라게 만들고 있다.그것도 단순한 홍보용 보도자료가 아니라 2008년 2월부터 이미 삽질은 시작되었다. 물경 220억 달러라는 천문학적인 자금을 투입해서 연일 매스컴의 스포트라이트를 받고 있다.

믿어지지 않는 일이 현실에서, 그것도 녹색성장을 국책사업의 0순위로 올려놓고 있는 한국 경제 주체에게는 시사하는 바가 크다. 아니 클 수밖에 없다. 새만금 물막이 공사 18년 만에 첫 삽질을 시작한 새만금 국제단지마저 아부다비를 벤치마킹 대상의 하나로 삼고 있다는 점에서 이 책은 시작한다.

아부다비 도심에서 20km 떨어진 장소에 총면적 6㎢ 규모의 신도시 '마스다르 프로젝트'는 신재생에너지의 필요성이 크게 요구되는 지금의 경제적 측면의 모델이 되고 있다. 동시에 지구촌 소비자에게 많은 것을 가르치고 있다.

도시건설 콘셉트가 '제로카본시티'로의 조성만이 아니다. 여의도의 3배가량(27㎢) 되는 무인도 사디야트에 프랑스 루브르 박물관 분원을 설치해서도 아니다.

세계 최대 국부펀드(SWF: Sovereign Wealth Fund)를 운용하는 아부다비투자청(ADIA)의 행보가 주목을 받기 때문이다. 펀드 기금 8,750억 달러(2006년 통계)를 위탁 운용시킨 결과 이번 경제위기에서 적잖은 손실을 보았다.

이러한 경험과 손실을 보존하기 위해 결국 아부다비만이 가능한 성장동력을 찾는 과정에 따라 아부다비 마스다르를 통해 녹색성장산업을 들고 나온 점이 돋보였기 때문에 그렇다.

그 주역이 지금의 UAE 대통령이자 도시국가 아부다비의 지도자인 셰이크 칼리파 빈 자에드 알 나흐얀(Sheikn Khalifa bin Zayed Al Nahyan)이다. 그가 자신의 이름을 걸고 진두지휘한 역사적 용단과 실행력이 연일 매스컴을 타고 있다.

이를 확인하기 위해 필자는 모두 8장으로 구분시켜 새만금이 주목하는 이유와 실제상황을 조명할 것이다. 그렇다고 아부다비가 제시하는 녹색산업이 주역이고 동시에 벤치마킹이 필요한 새만금은 조역이 될 수밖에 없다는 이분법을 택하지 않겠다.

대신 나라 밖에서 보는 녹색산업의 실체를 통해 나라 안의 녹색성장의 극대화도 함께 논의하고 조명하는 일에서 이 책의 평가를 받고 싶다. 이를 위해서는 더 높고 더 깊게 집필의 안테나를 올려서 집필에 임할 것이다. 믿거나 말거나가 아닌 젖 먹던 힘까지 쏟았다는 표현에 거짓이 없을 터다.

다만 이러한 집필의 극대화를 통해 향후 한국 녹색산업의 주역으로서 한국이 나가야 하는 방향 제시를 더 자세하게 볼 수 있었다는 믿음도 없지 않다.

그 언저리에는 아부다비 마스다르를 베이스캠프로 삼아 GCC 권역 6개국까지 아우르는 한국형 녹색산업의 글로벌 비즈니스까지 녹아 낼 수 있다는 욕심마저 인다.

세계 금융위기로 그 좋던 중동지역 해외 플랜트 수출에 적신호가 켜지면서 이를 대신할 한국 성장엔진으로서의 녹색산업이 한 대안이라는 점에 동의한 결과인지 모른다.

이름하여 녹색산업의 글로벌 비즈니스 모델(BM)에 대한 이론적 단초 제공과 함께 현실적 벤치마킹으로 아부다비 마스다르를 접목시키는 일이 이 책의 주요 내용이 될 것이다.

끝으로 이 책의 나오기까지는 많은 분들의 도움과 협조가 있었기에 가능했다. 우선 주한 아랍에미리트연합 압둘라 무함마드 알마이나(Abdulla Mohammed Al-Ma'ainah) 대사님을 비롯하여 대외협력관 김태선 님의 아낌없는 자료 지원에 힘입은 바 컸다.

또한 이 책의 풍성한 비주얼을 위해 아부다비 국가미디어기구(National Media Council) 아바라암 알 아베드(Ibraham Al Abed)

위원님께서 관련 사진들까지 챙겨주신 일에 깊은 감사를 별도로 드린다.

그리고 무딘 글이라도 마다하지 않고 출판의 기회를 주신 한국학 술정보(주) 채종준 사장님께도 이 자리를 빌려서 감사드린다.

다시 모든 분께 고개 숙여 큰 절을 곁들인다.

2009. 10. 15.

임은모

adimo@hanmail.net

Contents

탄소제로도시 마스다르의 도전

Contents

탄소제로도시 마스다르의 도전

Chapter 1

녹색 성장, 그린 아부다비

CHALLENGE of GREEN MASDAR

아부다비 마스다르 구성 포인트를 들쳐보면 석유를 사용하는 운송도구는 허용하지 않는다. 세계에서 처음으로 지구 온난화의 주범인 자동차 대신 태양광으로 움직이는 개인용 운송수단인 '캡슐(PRT of capsule-Personal Rapid Transit)'을 운영한다. 쓰레기 배출이 없는 도시(Zero Waste City)의 시스템 도입까지 포함시키고 있다.

1. 칼리파 대통령의 용단

중동지역 도시국가의 모든 정책은 단연 셰이크의 용단에 좌지우지된다. 여기서 접두어 '단연'은 정책 입안자와 정책 브레인들이 제안된 내용에 대한 취사택일을 셰이크가 거머쥐고 있다는 것을 의미한다.

'셰이크'의 동격인 '술탄'도 같은 임무와 권한을 지닌다. 카타르 셰이크 하마드 빈 할리파 알 타니 국왕을 비롯하여 두바이 지도자 셰이크 무하마드 빈 라시드 알 막툼도 마찬가지 레벨이다.

아랍에미리트연합(UAE)의 경우 호칭은 약간의 도움말이 필요하다. 왜냐하면 우리의 상식으로는 완벽한 이해가 쉽지 않다는 점이 도사린다. 서양에서는 독립국가의 군주는 황제라든가 왕이라든가 대공의 호칭을 가진다. 반면 중동지역에서는 이름 맨 앞에 '셰이크'를 붙여서 같은 지도자의 의미를 부여한다. 셰이크의 본말은 '연장자' 혹은 '원로'인데도 말이다.

아랍에미리트연합의 맏형 격인 아부다비의 경우 이 호칭은 곧 지도자의 권한에 대한 절대권위를 지니고 있다.

여기다가 아랍에미리트연합의 구성이 특별하기 때문에 그렇다. 우선 7개의 토후국으로 이루어진 국가의 형태마저 다르다.

따라서 7개 토후국 가운데 가장 큰 나라는 아부다비(Abu Dhabi)다. 아부다비 인구는 1,682,000명(2007년 통계)으로 34.1%를 차지하고 있다. 반면 두바이(Dubai)는 1,722,000명으로 32.2%다.

면적을 보면 전체 8만 3,600㎢에서 아부다비가 6만 7,300㎢로 전체의 85%이고 두바이는 3,885㎢로 5%를 차지하고 있다.

이 두 토후국이 아랍에미리트연합 총면적의 9할을 차지하고 있음을 알 수 있다.

인터넷 지식정보를 클릭하면 곧 알 수 있는 통계수치다. 그런데도 이렇게 자세하게 설명한 본뜻은 다른 데 있다.

우선 아랍에미리트연합을 이루는 7개 토후국의 합의에 따라 아부다비의 지도자인 셰이크 칼리파가 이 나라의 대통령을 맡고 있을 뿐 아니라 도시국가 아부다비의 지도자까지 겸임하는 데서 비롯된다.

따라서 도시국가 아부다비가 세계 최초의 제로카본시티(Zero Carbon City)인 아부다비 마스다르(Abu Dhabi Masdar−경우에 따라서는 그냥 '마스다르'로만 병행 표기함)를 소개하거나 설명하기 위해 셰이크 칼리파를 배제하고는 어떤 설명이나 다른 소개가 불가능함도 여기에서 기인한다.

아랍에미리트연합(UAE) 정치 형태상 대통령 혹은 지도자 칭호를 동시에 부여하는 일이 필요하기 때문이다.

오일머니를 지배하는 통 큰 지도자

아랍에미리트연합의 대통령이자 아부다비 지도자인 셰이크 칼리파는 세계 최대 규모인 8,750억 달러 국부펀드를 운용(運用)하는 아부다비투자청(ADIA)의 관리를 오랫동안 맡아온 장본인이다.

셰이크 칼리파는 지난 1976년 아랍에미리트 최고석유위원회 위원장을 맡아 석유로 번 돈을 토후국에 나눠주는 일도 도맡았다.

1948년생인 셰이크 칼리파는 올해로 61세다. 우선 조용한 성격 때문에 중동지역에서만 잘 알려진 지도자이지만 여러 가지 파격적인 발상과 추진력에서는 앞에서 잠시 인용한 접두사 '단연'의 필요성에 대한 설명도 된다.

우선 그의 국가재건 추진력에서 단연 돋보인 부문은 바로 '제로카본시티' 건설이다.

아부다비는 석유산유국인데도 셰이크 칼라파의 진두지휘에 따라 친환경 미래도시인 '아부다비 마스다르'를, 그것도 세계 최초로 건

설한 용단과 실천력은 도시국가 지도자로서 명성과 함께 인류사적 금자탑을 쌓는 일에 해당한다. 한마디로 이미지업에 단연 톱이 되었다는 얘기다.

2008년 6월 당시 조지 W. 부시(George Walker Bush) 미국 대통령의 초청에 의해 국빈자격으로 미국을 방문한 셰이크 칼리파는 부시 대통령이 직접 운전하는 골프카를 함께 타고 필드로 향하는 모습은 그의 진면목을 감지시키는 데 부족함이 없었다.

세계자연보호기금(WWF)과의 협약

셰이크 칼리파는 통 큰 지도자답게 세계자연보호기금에 많은 돈을 희사하는 과정에서 친환경 도시 '아부다비 마스다르' 건설에 관한 참신한 발상을 얻어 냈다.

이른바 제로카본시티의 아부다비 마스다르가 그에 의해서 탄생한 배경은 흥미 유발의 단초가 되었다. 마스다르(Masdar)는 아랍어로 '원천(源泉)'이라는 뜻에서도 참신한 네이밍 이상의 품격을 지닌다.

아부다비 도심에서 20㎞ 떨어진 곳에 건설되고 있는 아부다비 마스다르는 아부다비 골퍼들의 자긍심인 아부다비 골프 코스(Abu Dhabi Golf Course)에서 아부다비국제공항으로 가는 길목에 있다. 더 엄밀하게 표현하자면 아부다비 칼리파시티(Khalifa City) A구역이다.

처음부터 아부다비 마스다르 도시 컨셉트는 화석에너지를 배출하지 않는 것에서 출발했다. 이를 도시건설의 차별성 확보로 삼는 것에서 잘 드러났다. 물론 이를 키포인트를 삼고 있음이 그렇다.

우선적으로 신재생에너지 아이템인 태양열과 풍력을 이용해 100% 전기를 충당하는 것에서 다른 친환경 도시와의 특별함까지 살려내고 있다.

아부다비 마스다르 구성 포인트를 들쳐보면 석유를 사용하는 운송도구는 허용하지 않는다. 세계에서 처음으로 지구 온난화의 주범인 자동차 대신 태양광으로 움직이는 개인용 운송수단인 '캡슐(PRT of capsule-Personal Rapid Transit)'을 운영한다. 쓰레기 배출이 없는 도시(Zero Waste City)의 시스템 도입까지 포함시키고 있다.

명실상부한 친환경도시 아부다비 마스다르를 중동지역 사막에 세우겠다는 그의 용단은 경이 그 자체가 된다. 그 흔한 유럽의 환경운동가 대신 전통적인 아랍생활방식에 익숙한 중동지역 지도자가 해낸 것이다.

특별함에 관한 의미 부여

총 투자비 220억 달러의 아부다비 마스다르 건설에서 세계가 주목한 배경에는 셰이크 칼라파의 용단이 아니고는 얘기가 성립되지 않는다.

지난해 첫 삽질을 할 때만 해도 세계 매스컴의 주목은 별로였다. 하지만 최근 세계 금융위기를 겪으면서 아부다비도 많은 변화를 겪었다. 세계 최대 국부펀드가 큰 손실을 받은 이상 지금까지의 위탁운용 지조에서 벗어나는 일이 급선무였다.

석유 1배럴당 147달러라는 고유가 시대가 저물고 위탁 운용하던 국부펀드가 적잖은 손실을 입자 자체 운용으로 선회하면서 전 세계가 주목할 사회간접자본(SOC)에 눈을 돌리게 했다.

석유와 천연가스를 대신할 그 무엇이 필요함을 느끼기 시작한 것이다. 이른바 아부다비의 미래를 보장할 새로운 수종산업을 찾는 일이다.

전 세계 선진국들이 고유가 시대를 경험하면서 녹색산업에 매달린 것도 변화의 변수로 작용했다. 옛날처럼 고유가의 지속은 당분간 어렵다는 경제적 현실이 주는 주문과 무게에 따라 새로운 수종산업의 필요성에 절감한 것으로 이해할 수 있다.

셰이크 칼리파는 세계 금융위기가 터지기 전에 제로카본시티 마스다르의 첫 삽질을 단행했다. 선견지명(先見之明)이 따로 없다. 이게 바로 아부다비 마스다르의 축복이 되었음은 물론이다.

이제 전 세계는 녹색혁명의 급류를 타게 되었다. 그린 뉴딜에 따라 제로카본시대가 대세로 떠오르면서 아부다비의 변신은 탄력을 받을 수 있음을 알 수 있다.

예컨대 보는 것만 믿고, 보는 것만 찾고, 보는 것에서 지갑을 여는 아랍버전에 따라 아부다비 마스다르 구축은 여러 가지 의미를 지닌다.

첫째, 이제 화학연료 기대의 시대는 시간문제다. 포스트 오일의 다음을 지금부터 준비하지 않으면 안 된다는 명제에서 출발한 변신이 필요함을 절감한 대응책이다. 우리는 고유가 시대를 돌파하기 위해 녹색혁명의 단초를 푼 것과 좋은 맥락이다.

둘째, 셰이크 칼라파의 용단에는 세계 최초(最初)와 세계 최대(最大), 그리고 세계 최고(最高)의 가이드라인이 존재한다. 이를 현실화시킨 조치다. 그동안 아부다비 도시건설에 참여한 세계적인 기업들에게 지구온난화 대응책은 예사롭지 않았을 것이다.

셋째, 역사나 경제는 한 사람의 목소리로는 역부족이다. 특히 세계 경제의 흐름이 친환경 도시건설로 옮겨 가자 이를 마켓 트렌드로 삼아 내친김에 아부다비 마스다르에 올인하는 것을 알 수 있다.

넷째, 가장 중요한 용단으로는 신재생에너지와 같은 관련된 기술 및 산업이 향후 국가 경제의 척도가 될 것임을 미리 예단한 혜안(慧眼)을 발휘한 점이다.

마지막 다섯째, 미국과 유럽국가처럼 신재생에너지 기술을 단기간에 확보하기는 거의 불가능한 현실을 직시했다. 돈의 위력을 잘 알고 있기 때문에 거금의 국부펀드 자체 운용을 통해 미래를 보장하는 녹색산업의 부흥에 편승을 자원(?)한 것이다. 한마디로 녹색산업과 국부펀드 운용의 절묘한 매치일 수 있다.

따라서 녹색혁명 바람이 거칠게 일고 있는 글로벌 분위기에 편승한 아부다비는 녹색산업 리더로서의 등극과 함께 미래 먹을거리 준비라는 두 마리 토끼를 잡을 수 있다는 판단이었음을 어렵지 않게 느낄 수 있다. 하긴 선거를 통한 국가지도자는 국민 여론의 향배를 의식해 용단의 카드를 내리기가 어려운 반면 도시국가의 지도자는 결심이라는 통치 권력으로 매사에 좌지우지하는 마력을 겸한 것이 조금은 부럽다는 생각마저 든다.

2. 아부다비 마스다르의 축복

　제로카본시티의 출발 역사는 매우 짧다. 고작 7년 저쪽에서부터 거슬러 올라간다. 지난 2002년 영국 런던 외곽 서튼 지구에 건설된 베드제드(BedZed)가 원조다. 100가구가량의 단독 또는 연립주택으로 이루어진 이곳에서는 태양열과 풍력 등을 신재생에너지원(源)으로 삼았다.

　수년간의 시행착오를 거치면서 지금은 생태보존과 관광도시로 자리잡게 되어 오늘에 이른다. 이러한 결과물에 힘을 받은 영국은 최근 베드제드를 모델로 친환경주택 10만 호 건설계획을 목하 추진 중이다.

27조 5,000억 원의 아부다비 마스다르 플랜

　2008년 2월.

　아부다비 도심에서 20km 떨어진 곳에 세계 최초로 제로카본시티인 아부다비 마스다르(Abu Dhabi Masdar)의 첫 삽질이 있었다.

규모는 6.5㎢에 모두 7단계로 나누어서 시행되는 맘모스급 프로젝트에 해당된다. 투지비용만도 물경 220억 달러(1달러 1,250원 계산할 경우 27조 5,000억)에 달한다.

단군 이래 최대의 사회간접자본(SOC) 사업인 한국의 4대강 살리기 1단계 총공사비가 22조 2,000억 원이라는 예산과 비교해보면 초대형 프로젝트다. 단순계산해도 5조 3,000억 원이 더 많다.

이 프로젝트는 지난 2006년 4월 발표된 이후 2년여 만에 첫 삽질이 시작되었음을 알 수 있다.

오는 2016년 아부다비 마스다르 완공 이후에 볼 수 있는 마스다르 모형이 최근 아부다비 국립전시장에서 그 위용을 뽐내고 있다.

한눈에 제로카본시티라는 도시 콘셉트에 맞게끔 아랍 고대풍 정취와 현대 기술력이 결합된 도시임을 확인시켜 주고 있다.

우선 성벽으로 외곽을 감싸고 거리는 보행자 위주로 설계된 점이 두드러진 특징이 된다.

드넓은 사막의 태양열을 피하기 위해 그늘이 드리운 점이 그렇고 그늘이 지는 영역을 극대화하기 위해 동북방향에서 서남쪽으로 마스다르 도심을 배치시킨 도시 디자인이 그렇다. 에너지 소비를 극소화하기 위한 조치일 수 있지만 도시 설계자의 표현대로 가급적 도시의 이미지가 정동정(靜動靜)을 감지시키게끔 배열한 점이 돋보였다.

보도자료에 따르면 마스다르에 필요한 에너지 구성은 태양광(82%)과 쓰레기에서 얻는 재생에너지(17%), 그리고 풍력(1%) 순이다.

아부다비 마스다르는 첫 삽질에 앞서 전 세계 최고의 브레인 파워와 기술력도 함께 챙기는 기민성도 보였다.

마스다르의 진가를 극대화하기 위해 미국 매사추세츠공과대학(MIT)를 파트너로 삼아 '마스다르 과학기술연구소'를 설립하는 기민성을 유감없이 발휘하고 있다. 오일머니의 위력을 실감시키는 대목이다. 필요한 기술이 없으면 돈으로 사서, 그것도 남보다 한 발만 앞서는 그 기민성 말이다.

아부다비 마스다르 도시건설 이모저모

이 맘모스급 아부다비 마스다르 프로젝트를 수행하는 주최는 ADFEC(Abu Dhabi Future Energy Company)다. 이 회사는 아부다비 정부 소유 회사인 무바다라(Mubadala) 자회사로서 도시공사 시공에 탁월한 기술력도 갖추고 있다. 크게 네 가지 측면에서 이를 확인해 준다.

첫째, 에너지 측면이다.

아부다비 마스다르 프로젝트 개발을 지휘하고 있는 칼레드 아와드는 "태양과 바람을 적극적으로 이용해 발전 터빈을 적절하게 배치될 것이다"라고 밝히면서 "향후 20년 간 20억 달러 규모의 화석연료(석유와 천연가스) 에너지를 절약하는 효과가 발생할 것이다"라고 기대하고 있다.

둘째, 경제적 측면이다.

이 프로젝트를 통해 7만 명의 일자리 창출은 물론 아부다비 연간 2% GDP 성장률을 업그레이드시킬 것으로 전망하고 있다.

셋째, 투자 측면이다.

마스다르 지역 내에 1,500개 내외 회사를 유치해 대정부 관련업무 온스톱(One Stop) 서비스 제공을 비롯하여 외국인 회사 지분을 100% 보장을 천명하고 있다. 이러한 투자적 측면은 현재 UAE 내 자유무역지대와 유사한 인센티브를 제공할 것으로 내다보고 있다.

마지막 넷째, 수요자 측면을 들 수 있다.

아부다비 마스다르 프로젝트에는 상주인구 5만 명과 통근인구 4만 명의 주거공간과 사무공간을 만든다. 따라서 아부다비 마스다르 프로젝트가 진행되는 동안 아부다비에서는 신재생에너지 관련 산업을 필두로 친환경 소재산업과 새로운 형태의 친환경 상품수요가 증가할 것으로 예단된다.

축복의 의미

아부다비 마스다르 프로젝트에 관한 필요 이상의 자세한 설명에서 다음에 녹아낼 새만금과의 관계 설정과 이해득실, 그리고 윈윈전략 등은 잠시 다음으로 미루자. 대신 체크리스트로서 이 항목에 만족하는 것이 어떨까.

우선 객관적(혹은 역사학적)으로 미뤄 볼 때 셰이크 칼리파의 아부다비 마스다르 구상은 정책 제안자 다음으로 왕세자 모하메드의 제안에서 비롯되었다고 알려졌다. 하지만 전대미문의 아부다비 마스다르 프로젝트가 현실화되기까지 이러한 제안과 구상은 앞에서 잠시 언급된 대로 지난 2006년 4월이었다. 우리의 경제현실로는 고유가 시대와 글로벌 경제위기와는 시간적 거리가 있다. 그런데도 셰이크 칼리파는 '포스트 오일 시대'를 준비하는 과정에서 이를 착실하게 진행시키고 있다는 점이 아부다비 로컬에게는 축복 이상의 의미를 부여해도 좋을 것이다.

AED10($2.7). AED4($1.1). AED15($4.1)

최근 아부다비상공회의소(ADCCI)가 해외기업 유치를 위한 자료에 따르면 우리의 눈길을 끄는 대목이 적지 않다. 유틸리티 관련 비용에 관한 소개가 그렇다. 도움말 그 자체가 아부다비의 축복이 되고도 남게끔 상대적으로 저렴한 비용이란 점에서 더욱 그렇다.

예를 들면 공업용수 1,000Gallones에 미화 2.7달러, 천연가스는 1MBUT에 1.1달러다. 특히 전기는 1,000kwh에 4.1달러다. 300kwh를 사용하고 있는 우리네 가정 전기요금이 2만 5,000원 내외인 점을 감안하면 그냥 거저다.

단순 계산해도 1kwh에 우리 돈 60원이다. 한국전력은 태양광 운용업체에게 1kwh당 500원에서 600원 내외의 차등요금으로 정해 보조금 형식으로 지불하고 있음을 감안하면 그게 바로 아부다비의 축복이고 아부다비 마스다르의 축복이 아닐까 싶다.

3. 석유도시에서 녹색도시로

　도시국가 아부다비 마스다르 프로젝트가 전 세계 매스컴의 조명을 받으면서 두드러진 변화는 대강 두 가지로 요약되고 있다. 아부다비 경제 구조와 중요성에 관한 내용이다. 확인컨대 이런 경제현상이 일어난 배경에는 녹색혁명의 단초를 제공한 산유국 아부다비가 녹색산업의 견인차로 등장한 것과 무관하지 않기 때문이다.

　역사적 역설의 아이러니일 수 있지만 글로벌 경제위기를 통한 경험과 미래를 분리해서 생각할 수 없다는 절박한 상황인식에 그 뿌리를 두고 있다. 실제로 글로벌 금융위기를 겪으면서 중동지역 대부분의 나라들이 실시하고 있는 크고 작은 플랜트 사업들을 연기 혹은 축소하는 것이 다반사로 이어지고 있다. 취소하는 경우도 허다하다.

　투자비용에서 버거움이 대두되고 있는 게 현실이다. 그 좋던 한국 중동지역 해외 플랜트 수출이 이번 금융위기를 맞아 91% 감소를 보이고 있어 한국의 경제현실을 어둡게 하고 있다. 국내 한 매스컴은 이를 두고 헤드라인을 이렇게 장식했다.

'플랜트 수주 91% 추락'

이 신문은 헤드라인 밑에는 상징적인 메시지도 추가시키고 있다. '글로벌 위기 앞에 수출효자도 맥 못 춰(2009.2.10일자 동아일보 참조)'

아부다비의 경제 구조

도시국가 아부다비는 석유 및 비(非)석유 부문의 고른 발전으로 건실한 경제성장을 지속하고 있다. 그들이라고 어찌 글로벌 금융위기에 자유스러울 수 있을까마는 건실한 경제성장기조는 흔들리고 있지 않다.

최근 아부다비의 굵은 기업 인수합병(M&A) 리스트를 보면 독일 벤츠의 최대 주주가 된 점이라든가 포뮬러1 경기장 건설을 순조롭게 진행시키는 점에서 확연하게 드러나 있다.

특히 GDP 기여도(2006년도 기준)에서는 석유(천연가스 포함)에서 62.3%를 비롯하여 제조업 9.7%, 건설 및 부동산 부문에서 8.2%, 기타 19.8%를 차지하고 있다.

교역규모에서도 105.9억 달러(04년)에서 126.2달러(06년)로, 재수출 분야도 8.5억 달러(04년)에서 21.6억 달러(06년)로 54.1%나 증가하고 있다. 주요 수출품은 석유를 제외하고도 플라스틱과 기초금속, 기계류와 화학제품 등을 아우르고 있어서 아부다비 경제 구조는 탄탄한 포트폴리오를 보이고 있음을 알 수 있다.

아부다비의 중요성

도시국가 아부다비는 아랍에미리트연합(UAE)의 수도이자 대통령과 연방정부의 소재지다.

대부분의 중요한 의사결정이 이루어지는 정책결정지(政策決定地)라는 얘기와 마찬가지다. 두 번째는 천문학적인 석유 매장량과 천연가스 보존으로 관련 산업이 발달하고 있는 점이다.

예를 들면 석유는 1,016억 배럴(UAE 전체 매장량의 92%)이고 천연가스는 213조 5,000억 입방미터(UAE 전체 매장량의 92%)를 차지하고 있음에서 비롯된 결과일 수 있다.

따라서 석유와 천연가스 관련 개발을 비롯하여 가공 및 수송시설에 관한 비즈니스가 상대적으로 많아 아부다비의 중요성을 방증시키고 있다.

물론 막대한 오일머니의 수혜국이라는 점은, 세계 최대의 국부펀드 운용국가라는 점은 앞에서 여러 차례 설명한 것과 유관하다. 이를 베이스 삼아 아부다비 마스다르 등 세계 매스컴이 주목하는 대형 건설공사가 시행되고 있다는 점이 이를 뒷받침해 주고 있다. 이웃 국가들은 외환악화로 죽을 쓰고 있는데도 말이다.

신재생에너지에 거는 아부다비의 꿈

중동지역 국가들의 한결같은 고민과 과제는 석유 이후의 경제문제다. 이른바 포스트 오일(post oil)의 현안문제다. 이를 해결하기는 말처럼 쉽지 않다는 점에서 문제의 깊이는 심각하다. 그 쉽고 좋은 경제 메커니즘에서 하루아침에 자유스럽지 않다는 데서 비롯된 시름은 어제 오늘의 일이라는 점이 유안이라면 위안이 된다.

석유 소비도 예전과 달리 하향곡선을 긋고 있다. 고유가 시대는 당분간 희망사항일 뿐이다. 세계 불황의 골이 깊어지고 동시에 석유 소비가 둔화되기 시작했다.

다행스럽게도 아부다비는 제로카본시티 마스다르를 구축하면서 우선적으로 세계적인 녹색성장산업 메이커를 유치해 미래수종산업부터 중흥시키는 일을 챙겨나가고 있다.

무궁무진한 사하라 사막의 태양광을 비즈니스화한 것도 고려대상이 된다. 국가라든가 기업이라든가 소비자들에게 있어서 선점은 곧 부와의 연결고리다.

거금 27조 5,000억 원을 투자하여 아부다비 마스다르를 건설하는 것 그 자체부터가 선점과 기회창출이 된다.

녹색도시의 교훈

필자는 아부다비 마스다르를 조사하고 연구하면서 한국형 '저탄소 녹색성장'과의 접목가능성 여부에 초점을 맞추게 되었다. 우선적으로 2009년 5월 서울에서 열린 'C40 세계도시기후 정상회의'를 통해 서울시는 강서구 마곡지구에 제로카본시티 조성을 발표했다.

서울시와 클린턴 전 미국 대통령이 이사장으로 있는 클린턴재단(CCI)은 기후긍정 개발사업(CPDP)을 공동으로 추진하는 양해각서

(MOU)를 체결했다.

또한 아부다비 마스다르가 새만금의 벤치마킹 대상으로 떠오르고 있다는 점에서부터 녹색산업이 미래 수종산업으로의 등극이 시간문제라는 점까지 교집

합해 보게 했다. 이런 점에서 한국의 녹색산업은 여러 가지 연관성 극대화로 비약적인 발전이 가시화될 수 있다고 본다.

결론부터 말하자면 우리의 그린 테크놀로지(GT) 개발은 탄탄한 제조 능력이 뒷받침되고 있기 때문에 시간문제일 수밖에 없다.

하지만 좁은 내수시장에서 목소리를 높이는 일은 별로 가치와 수익이 없다. 길은 아부다비 마스다르와 같은 거대 녹색산업 프로젝트와의 밀월이나 공동참여가 고려 대상이 아닌 필수적인 대응책에 하나의 해법이 될 수 있다.

특히 '플랜트 수주 91% 추락'이라는 신문 헤드라인이 있어서가 아니다. 이 수치는 불변이 아니라 가변일 수 있기 때문이다.

91%가 9%로 급감하는 일도 시간문제다. '물이 나는 데 샘을 파라'는 교훈대로 녹색산업의 메카로 떠오르고 있는 아부다비 마스다르 축복에 한국 위정자의 관심이 요청된다. 이 요청이 많을수록 좋을 것은 더 없을 터다. 이런 경우 어려운 말로 풀어 쓰면 '걸(乞) 기대 (期待)'라든가.

4. www.masdaruae.com

세계 최초의 제로카본시티 아부다비 마스다르가 위용을 드러낼 날은 아직도 7년의 시간이 남았다. 비록 2008년 2월 첫 삽질을 했다 해도 완공시기를 2016년으로 잡고 있음에서 그렇다.

그런데도 마스다르를 소개하는 데 일말의 주저나 의심 없는 저의(底意)는 돈이 되기 때문이라는 것에 동의한 다음부터다.

여기서 돈은 마스다르의 아랍식 의미인 '원천(source)'을 패러디해 보면 그냥 해석되는 개념이다. 중동지역 산유국 부의 원천인 석유와 천연가스가 이를 잘 설명해 주고 있기 때문이다.

하지만 세계 최초에다 세계 최대의 제로카본시티와 카프리시티 (Car free City-차 없는 도시)라 해도 완성된 도시가 아니라는 점에서 자유스럽지 못하다.

미완성은 불확실성을 동반한 이유에다 어느 누구가 2008년 9월 미국발 금융위기가 발생함을 예견이나 했을까. 그런데도 전 세계는 금융위기에서 이제 실물경제위기까지 겪고 있다.

이러한 글로벌 분위기에 따라 모든 프로젝트(또는 건설공사)에서 설계와 시공은 시작의 반이라 해도 시작의 끝은 공사비용 지출의 완벽에서 결정이 난다.

아부다비 마스다르 공사비는 그냥 지출이 아닌 거금 220억 달러짜리 대공사다. 물경 27조 5,000억 원 공사라는 점에서부터 부담은 없지 않다.

또한 보는 것만 믿고 보는 것만 찾고 보는 것에서 지갑 끈을 푸는 아랍 비즈니스 버전을 누구보다 잘 이해하고 있는 필자로서는 일말의 부담감을 지닌다.

그러나 주저나 의심이 없다고 판단했다면 믿는 사연이나 믿는 구석이 없지 않음부터 밝혀야 예의다.

전 세계 매스컴의 스포트라이트가 힘차고 밝다는 전제 이외에도 아부다비 지도자 셰이크 칼리파의 용단(또는 지도자의 경제철학)에 믿는 구석이 도사린 점을 고백(?)하게 한다.

팩트(fact)에서 신뢰성이 존재하고 현실성에서 믿음이 가는 것은 우리 정부의 발표가 일회성 포장이거나 정치적 구호로 끝나는 저간의 경우에 식상한 것도 배제할 수 없다. 보는 것만 믿는 일인 팩트(事實)에서 움직일 수 없는 사실(fact established)이 된다면 얘기는 달라진다.

아부다비 국립전시장에 설치된 아부다비 마스다르 모형도는 팩트에 대한 믿음 이상의 미래까지 조명하게끔 너무나 현실적이었다. 이러한 시사점은 마스다르 홈페이지를 클릭하면 미완성 마스다르가

2016년 완공의 실물과 같은 무게와 믿음을 안겨 주기 때문에 더욱 그렇다.

Massage from the Chairman

마스다르 홈페이지를 클릭하면 그린의 이미지가 물씬 풍기는 이미지로 우선 반기고 있다. '아부다비 미래의 결정에 대한 이니시어티브(initiative) 확보'를 마스다르 제안으로 천명하면서, 첫 인사는 '아부다비 마스다르 방문을 환영합니다(Welcome to Abu Dhabi Masdar)'의 본뜻과 일치한다.

특히, 마스다르의 구축을 책임지고 있는 아마드 알리 사에그(Ahmed Ali Sayegh) 아부다비 미래에너지(ADFEC) 회장은 인사말을 통해 이렇게 아부다비 마스다르 비전을 밝히고 있다.

"새로운 에너지를 위해서는 글로벌 리더로서 아부다비에게 필요한 지식과 혁신의 목표 완성을 이루는 일입니다."

지속가능 에너지 기술의 제공에서 시작된 마스다르 존재가치는 처음부터 당차고 알맹이가 있고 돈의 위력을 느끼기에 충분했다.모두 여섯 가지 카테고리를 묶어서 아부다비 마스다르의 현재와 미래를 조망시킨 홈페이지는 예사롭지 않게 두 가지 공적 사업에서 신뢰성을 쌓고 있다.

하나는 국제신재생에너지기구(IRENA) 본부를 마스다르에 유치함과 동시에 자에드미래에너지상(Zayed Future Energy Prize)과 세계미래에너지협회(WFES) 뉴스를 포함시키고 있다.

이들 국제기구를 아부다비 마스다르 동급으로 계산한 우월감이 심상치 않게 느끼게 했고 이를 천명한 것에 신뢰성은 붙고 있다.

포스트 오일의 르네상스

아무리 아부다비 마스다르가 세계 최초의 제로카본시티이자 카프리시티라고 세계 매스컴이 인정(?)해도 무공해 도시는 이미 존재했다.

독일의 에니시티(Eny City)가 원조다. 에니시티는 원래 '미래의 에너지도시(Energy City of the Future)'에서 출발한 개념이다.

에니시티는 독일연방 정부 차원에서 미래 독일의 경제 및 산업성장을 장려하기 위한 혁신정책의 산물이다.

독일의 대표적인 발전회사 앤비더블우(EnBW)가 개발한 콘셉트로서 중국 상하이 인근 지역에 2030년 목표로 마스트플랜을 짜고 있다.

하지만 콘셉트 발표에서 구체적인 실천이 부족한 사이 마스다르에게 최초의 자리를 내준 셈이다.

하긴 이번 글로벌 금융위기 이후 그린 마켓이 세계적인 경제 화두로 떠오르는 것과 일치하게 신재생에너지산업의 기술과 사회를 제시하는 마스다르의 등장은 실로 우리 모두에게 살맛 나는 세상을 보여주는 데 강한 의미가 있다.

그것도 아이러니하게 중동지역 산유국에서 첫 삽질이 있었다는 것은 역사적 아이러니이고 동시에 경제적 기대주가 된다.

왜냐하면 화석연료(fossil fuel)의 종말이 예정대로 굴러 가고 있기 때문에 포스트 오일에 대한 준비는 아부다비의 미션이자 아부다비 마스다르 존재가치와 일치함을 의미한다.

다시 반복하자면 듣는 것으로 만족하지 못한 미래도시의 조명을 팩트라는 렌즈로 보기 위해서는 2016년까지 기다릴 수 없다.

마스다드의 미래상을 비주얼로 가득 채운 마스다르와 다른 홈페이지를 클릭하면 된다. 바로 새만금이 주목하는 마스다르의 초대(招待)를 팩트하게 보여 주는 홈페이지가 당신을 기다리고 있다.

단, 글자 하나 틀리지 않게는 조심과 노력이 전제된다.

www.irenauae.com

5. 사하라 햇볕을 유럽의 전기로

　지금과 같은 글로벌 경제위기는 너나없이 피할 수 없는 현안문제다. 특히 지구온난화 같은 에너지 문제는 2008년 7월의 고유가 시대를 겪으면서 우리 모두를 실감시킨 경제문제였다.

　다행스럽게도 글로벌 경제위기를 겪으면서 세계 여러 나라들이 경제위기를 기회로 삼기 위해 녹색뉴딜을 들고 나온 것도 따지고 보면 신재생에너지에 대한 기대가 그 밑바닥에 깔려 있음은 잘 알려진 사실이다.

　환경기술의 발전과 함께 고용창출이라는 대명제를 해결하는 데 태양광은 복음에 속한다. 여러 차례 소개한 내용이라 해도 결론은 똑같다. 다름을 찾자면 마스다르가 제시하는 복음 가운데 태양광에 대한 기대가 우리의 상상을 초월하고 있다는 점이다.

　그 실체가 그지없이 단순명료하다는 점은 지도자 칼리파의 정책적 발상과 괘를 같이한다는 데 주목이 되고 남는다.

눈 돌릴 곳은 태양 뿐

우선 아부다비 마스다르 구축의 메인 콘셉트는 제로카본시티 건축이다. 상주인구 5만 명과 관련기업 1,500개사 입주에 필요한 모든 에너지를 신재생에너지로 충당하는 것에서부터 출발한 마스다르이기 때문에 지천에 많이 깔려 있는 태양광 에너지 활용은 순리다.

태양은 우리 인류가 1년 동안 사용하는 에너지의 1만 5,000배에 달하는 에너지를 지구에 보낸다. 햇빛이 강한 사하라 사막에는 1년 동안 1㎡당 2,100kwh의 에너지가 태양에서 내려온다.

이를 패러디해 보면 지금의 환경기술로는 10%만 에너지로 바꿀 수 있다고 해도 사하라 사막의 가로세로 700km에 내리쬐는 태양에너지에서 세계 에너지를 충당할 수 있다는 계산이 나오고 있다.

다른 소개는 남한의 경우 1㎡당 연간 1,300kwh의 에너지가 태양에서 떨어지고 있다. 석유로 환산하면 800억 배럴에 해당한다. 우리가 1년에 사용하는 석유의 10배다. 한마디로 아부다비 마스다르가 기대하고 있는 제로카본도시의 미래가 여기에 있는 것이다.

불모의 땅에서 약속의 땅으로

독일 시사주간지 슈피겔은 풍부한 일조(日照)량을 갖춘 중동지역과 아프리카의 사막지대가 불모지에서 새로운 약속의 땅으로 떠오르고 있다고 전했다.

이 매체에 따르면 유럽과학자의 모임인 지중해종단재생가능에너지조합(TREC)은 아프리카 사막지대를 이용해야 된다고 제안했다. 태양에너지를 생산하는 '데저텍(DESERTEC) 프로젝트'를 유럽연합 에너지청에 공식 제안했다. 데저텍은 '사막(desert)'과 '기술(technology)'의 합성어다.

이 프로젝트 제안의 깊은 내용은 지중해연안국인 시리아와 요르단, 그리고 사하라 사막이 가까운 알제리와 리비아 등에 태양광발전소를 세워 생산한 전기를 해저 송전망으로 유럽연합 국가에 공급하자는 것이다.

슈피겔은 사하라 사막에서 쏟아지는 태양에너지는 연간 63만 Twh(테라와트시-1Twh는 10억kwh)로 추정하고 있다. 반면 유럽연합이 사용하고 있는 연간 에너지 사용량은 4,000Twh에 머무른다. 사하라 사막 태양에너지의 0.6%만 활용해도 유럽의 에너지 문제가 해결할 수 있다는 계산이다.

오는 2020년까지 유럽연합은 재생에너지 비율을 20%로 채우기 위해서 태양에너지 확대가 필수적인 체크리스트가 된다.

우선 유럽연합은 적은 일조량 때문에 태양광발전소 가동률이 풍력에 비해 상대적으로 매우 낮다. 하지만 송전기술의 발달로 대륙 간 장거리 송전이 가능해진 것에 주목한 유럽연합은 이 프로젝트에 2050년까지 4,000억 유로를 투자할 것을 검토하고 있다.

특히, TREC 측은 "유럽의 전통적인 교류 송전망을 고압직류(HVDC) 방식으로 바꾸면 북아프리카에서 유럽으로 송전할 때 전력 손실을 3% 수준으로 떨어뜨릴 수 있다"고 강조했다.

슈피겔의 분석

독일 슈피겔(Der Spiegel)은 "데저텍 프로젝트는 유럽 에너지 확보뿐만 아니라 북아프리카와 중동국가들의 산업화에도 도움이 되는 윈윈 게임"이라고 분석했다. 그냥 놀리고 있는 광활한 사하라 사막에 첨단 신재생에너지 산업기지를 건설해 일자리를 만들고 산업 인프라스트릭처를 구축할 수 있음을 의미한다. 동시에 전력생산 후 남은 열로 바닷물을 담수화(淡水化)하면 숙원인 식수문제도 해결할 수 있다고 보고 있다.

따라서 세계 최초의 제로카본도시 아부다비 마스다르의 미래 구상은 먼 곳이 아닌 가까운 지근의 거리에서 해답을 찾고 있음을 알 수 있다.

향후 사하라 사막에서 꽃피울 녹색혁명의 깃발은 최우선적으로 마스다르가 그 열매를 알알이 맺게 될 일이 예단된다. 이어서 서울 강서구 마곡지구의 제로카본시티도 '제로워스시티(Zero Waste City—쓰레기 없는 도시)'로서 세계인의 주목이 예상된다.

결국 칼리파 대통령의 용단에서 비롯된 아부다비 마스다르 삽질은 먼 훗날 아부다비 경제적 실리가 충분하다는 계산을 그들이 감추지 않고 드러내고 있다. 확인사살이 될 수 있다.

700조 규모의 확인사살

앞에서 소개한 데저텍(Desertec) 프로젝트의 제안자인 로마클럽

회원들은 2009년 6월 16일 전 세계를 다시 놀라게 할 뉴스를 내보냈다.

사하라 사막에 4,000억 유로(700조 원)를 투자해 태양열발전소 건립을 구체화시켰다. AFP통신을 비롯한 독일 주요 언론들은 독일 최대 은행인 도이치뱅크와 지멘스 그리고 독일 제1의 전력회사 RWE 등이 이번 프로젝트에 참여한다고 보도했다.

AFP통신은 정치적인 안전성이 유지된다면 북아프리카 지역 여러 나라에 걸쳐 태양열발전시설이 건설될 것이라고 밝혔다.

데저텍 대변인은 "5년 후 2GW 규모의 첫 태양광발전소가 튀니지에 완공되어 이탈리아에 전력을 공급하게 될 것이다"라고 전하면서 "북아프리카와 중동지역에 100GW 규모 태양광발전소를 건설하고 유럽 중부까지 송전선을 연결하는 전기사업은 2050년 완공될 것이다"라고 설명했다.

다시 AFP통신은 이번 프로젝트가 유럽 전기 수요의 15%에 가까운 전력량을 공급할 것이라고 보도했다. 지멘스는 사하라 사막에 약 300㎢ 면적의 집열판을 건설하면 전 세계 수요를 모두 충족할 수 있을 정도의 에너지를 생산할 수 있다고 평가했다.

버려진 땅 사하라 사막이 아부다비 마스다르가 지향하는 신재생에너지 메카로 떠오르는 것은 그냥 뉴스가 아니다.

빈틈이 없기로 정평을 받은 독일의 은행과 기업들이 이를 구체화시킨 데는 수익성을 배제하고는 내놓을 제안이 아니다.

이를 사자성어로 쓰면 백년대계(百年大計)일 것이다. 그래서 전 세계는 다시 사하라 사막을 주목할 수밖에 없음이 증명된 셈이다.

Chapter 2

지구촌의 신재생에너지 보고서

CHALLENGE of GREEN MASDAR

녹색성장산업은 지구촌의 최대화두가 되고 있다. 교토의정서를 비롯하여 각종 기후변화 보고서는 이를 간파해서 경종을 울린 지 오래다. 분명 여기에는 각종 통계와 자료, 그리고 증언들이 이를 뒷받침해주고 있다. 바로 이 점이 우리를 긴장시키기 시작했다.

1. IPCC 보고서

　지구온난화(기후변화) 대응은 우리 모두에게 절체절명의 과제다. 지구촌이 온실가스로 몸살을 앓으면서 파생된 기후변화는 이미 위험 수준을 넘어섰다.

　지구 온도가 2℃ 상승하면 생물의 30%가 멸종위기에 빠진다든가 지구 온도가 3℃ 오르면 해수면이 상승해 전 세계 해안의 30%가 침수위험에 처한다는 것이 현실화되고 있다.

　이런 현상이 앞으로 지속되면 2020년 아프리카 지역에서만 7,500만 명이 물 부족에 시달리는 현상도 배제하기 어렵다는 것도 포함된다. 같은 의미에서 아부다비 마스다르가 지향하고 있는 제로 카본도시의 미래는 몇 가지 보고서가 대의명분과 함께 절대적 가치를 지닌다. 국가 지도자에게서 명분 쌓기와 가치 확보는 정책결정의 기본이다. 여기에 국가적 어젠다만 보태면 그 정책은 절반의 성공으로 받아들이고 있다.

결국 아부다비 마스다르가 제시한 여러 가지 비전의 메시지는 전 세계가 공감하고 인정하는 지구온난화 보고서에서 지적되고 거론된 문제들을 전제하고 있음을 알 수 있다.

IPCC가 내놓은 지구온난화 평가보고서

지난 1988년 유엔은 기후변화 문제를 다루기 위해 산하기관으로 IPCC(정부 간 기후변화위원회: Intergovernmental Panel on Climate Change)를 발족시 켰다. 이를 위해 유엔은 유엔환경계획 (UNEP)과 세계기상기구(WMO)를 공동 설립자로 선정하여 오늘에 이른다. 올해 로 21년 전의 일이다. 전 세계 과학자와 환경전문가들이 모여 5년에 한 번씩 기후변화평가보고서를 작성하고 있다. 1990년과 1995년, 그리고 2001년에 이어 지난 2007년 11월 제4차 보고서를 발표한 바 있다.

2007년 11월 17일(현지시간) 스페인 발렌시아에서 열린 IPCC 총회의 보고서 내용은 지금까지의 보고서와 다른 차원의 심각성을 포함시키고 있다.

이날 라젠드라 파차우리 IPCC 의장은 제24차 총회 폐막식에 참석한 반기문 유엔사무총장에게 24쪽짜리 한 보고서를 전달했다. 이게 바로 '제4차 기후변화평가보고서'의 요약본이다.

제4차 IPCC가 내놓은 지구온난화 진단과 처방

아부다비 마스다르의 진가를 부각시키기 위해 IPCC 보고서를 자세하게 소개하는 이유는 단 하나다. 마스다르 존재의미는 곧 지구온난화와 직결된 것과 같은 맥락이고 같은 메시지성 결과물이 될 수밖에 없다는 평가를 미리 확보하고 있다는 점이다. 따라서 IPCC가 내놓은 보고서의 백미인 지구온난화 진단과 처방은 곧 아부다비 마스다르 건설 콘셉트와 부합됨을 의미한다. 때문에 다음 다섯 가지를 이해하거나 숙지하고 나면 오는 2016년 아부다비 마스다르가 완공되는 마스터플랜에 담은 미래 비전을 그대로 이해하게 된다.

실체를 접하는 것부터 존재가치에 이르기까지 전 과정을 그대로 녹아낼 것이 분명하기 때문에 그렇다. 다음 다섯 가지 증거들이 더더욱 그렇다고 본다.

첫째, 지구온난화의 증거이다.
- 1906~2005년 지구 표면 평균기온 0.74℃ 상승
- 1961년 이후 해수면 연간 1.8mm씩 상승(93년 이후에는 연간 3.1mm씩 상승)

- 북극해 얼음은 10년마다 27% 감소

둘째, 지구온난화의 원인이다.

- 화석연료를 태우면서 배출한 온실가스 증대
- 1970~2004년 온실가스 배출량 70% 증가
- 2005년 온실가스 농도 379ppm은 65만 년 지구 역사 가운데 높은 수치로 기록됨.

셋째, 향후 전망을 알아보자.

- 2000~2003년 온실가스 배출량 최대 90% 증가
- 2100년 온실가스 농도 최대 1,550ppm으로 증가 추세
- 2100년까지 기온 최대 6.4℃ 상승 예상
- 해수면 최대 59cm 상승

넷째, 지구온난화의 영향이다.

- 강수량 증가와 함께 태풍 강도도 증가 추세로 이어짐.
- 일부 지역에서는 물 부족 현상 발생
- 저위도 지역은 농산물 수확량 감소
- 기온 1.5~2.5℃ 상승하면 생물종의 30%가 멸종위기에 처함.
- 기온 3℃ 상승하면 상당수가 멸종의 길로 걸음.

마지막 다섯 번째, 지구온난화 대응책이다.

- 기온 상승률 2℃ 이하로 억제
- 온실가스 농도도 455ppm 이하로 억제

- 2015년부터는 온실가스 배출량 감소제로 돌려야 함.
- 2050년에는 온실가스 배출량을 2000년 대비 50~85%가량 감소시켜야 함.

유엔기후변화협약(UNFCCC)

이 보고서에 관해서 반기문 UN 사무총장은 "이번 총회에 앞서 남극과 칠레 빙하를 방문했었는데 기후변화가 예상보다 심각하다는 사실을 깨달았다"며 "이번 보고서를 바탕으로 2007년 12월 인도네시아 발리에서 열릴 온실가스 감축협상의 돌파구 찾기를 기대하게 한다"라는 코멘트를 남겼다.

실제로 IPCC 보고서는 지난 2007년 12월 3~14일까지 열린 인도네시아 발리 UNFCCC에서 2012년에 만료되는 교토의정서 후속 대책으로 새로운 온실가스 규제의 가이드라인이 된다.

1997년 일본 교토의정서에 따라 유럽연합과 일본 등 선진 38개국은 2012년까지 온실가스 배출량을 평균 5.2% 줄여야 하고 이에 미달한 나라들은 유럽기후거래소 등에서 배출권을 사야 된다.

온실가스 감축을 위한 교토의정서는 이 의정서 가입국들이 2008~2012년 온실가스를 1990년에 비해 평균 5.2% 감축하도록 하고 있으나 2013년 이후의 감축계획은 마련되지 않고 있기 때문에 여기에 필요한 지구촌 기후변화정책이 다시 필요하게 되었다.

이를 인도네시아 발리에서 열렸던 유엔기후변화협약(UBFCCC)에서 새로운 가이드라인이 제시되어 오늘에 이른다.

2. OECD 보고서

　지구촌 신재생에너지 보고서의 두 번째 상면은 경제협력기구
(OECD) 보고서다. 앞의 IPCC 보고서는 환경파괴로 인한 지구촌 환
경의 새로운 가이드라인이라면 이번 OECD 보고서는 지구촌 환경의
재앙을 제시해서 모든 나라들의 '저탄소 녹색성장' 정책에 동참을
유도하고 있다.

　OECD는 2008년 3월 5일 발표한 '2030년 환경보고서'에 구체적
인 수치를 제시해 지구촌 신재생에너지의 필요성을 기본 골자로 하
였다.

　아부다비 마스다르가 제시한 제로카본도시의 지향점과 매우 비슷
하다.

　예를 들면 2005년 469억 톤의 온실가스가 2030년에는 641억 톤
으로, 다시 2050년에 이르면 74억 톤이 된다. 지구표면온도도 2005
년 1.7℃에서 2050년에는 2.4℃로 오른다. 폭염, 가뭄, 폭풍, 홍수의

증가가 일반화된다 등이다. 이에 따라 OECD는 이 보고서를 통해 지구촌 환경문제를 해결하기 위해 다각적인 접근이 필요하다고 지적하고 있다.

지구촌 지도자들은 매년 세계 GDP 성장률 가운데 0.03%에 해당하는 비용만으로도 환경재앙을 미리 막을 수 있다고 전한다.

특히, OECD 정책 시뮬레이션 결과로는 농업보조금과 관세를 50%씩 삭감하고 이산화탄소 1톤에 25달러씩 탄소세를 부과하면 2030년까지 온실가스 배출량을 13% 증가하는 수준에서 묶어 두는 효과를 기대해도 좋다고 결론짓고 있다.

OPEC와 OECD, 그리고 IEA

우리가 잘 알고 있듯이 OPEC은 산유국(産油國)의 이해를 대변하는 기구이다. 산유국 아부다비에서 느낀 OPEC의 위상과 권위는 막강 그 자체다. 하지만 제로카본도시를 지향하는 아부다비로서는 국제에너지기구(IEA)의 눈치를 외면하기 힘들게 된다.

IEA는 에너지 소비국을 대변하는 국제기구이기 때문이다. 이 국제기구는 1974년 오일쇼크의 격랑 속에 에너지 수급과 가격의 안정을 목표로 OECD가 창립한 국제기구이기도 하다. 때문에 동전의 양면처럼 아부다비 지도자는 OPEC은 물론 OECD와 IEA의 목소리를 경청할 수밖에 없다. 주목은 당연한 체크리스트일 수 있다.

IEA 다나카 노부오의 증언

마스다르가 제 목소리를 내거나 이를 세계 최초로 등극하기 위해서는 이 세 개 국제기구에 대한 정책적 보고서가 지대한 영향력으로 작용하게 된다.

동급의 무게로 이들에게 화답하는 노력만이 아부다비가 마스다르를 통해 세계 최초의 제로카본도시의 역사를 쓸 수 있다는 점이 그렇다.

이를테면 국가 간 정책적 조율과 협의는 유엔이라는 거대 국제기구가 있다.

반면 국제에너지기구(IEA)는 최근 새 사무총장에 아마노 유키야를 발령했지만 석유를 수출하는 아부다비로서는 OPEC만큼 IEA의 눈치(?)를 보지 않을 수 없다. 더욱이 이산화탄소 오염국가라는 불명예를 불식하기 위해서도 IEA의 눈치는 독이 되기보다는 좋은 약이 될 수 있다고 보는 것에 익숙하다.

왜냐하면 다나카 전임 사무총장은 오는 2013년에 이르면 지금의 국제유가가 1배럴당 140달러 선에 육박하여 오일쇼크 도래를 예상하고 있기 때문이다.

우선 그가 유가 불안을 경고하는 이유부터 들어 보자. 국내 한 언론사의 인터뷰 내용이다(2009.2.28자 조선일보).

"글로벌 금융위기 여파로 에너지 투자계획이 취소되거나 규모
가 줄어들거나 연기되고 있기 때문이다. 2008년의 경우 원유

및 천연가스 채굴 프로젝트 가운데 1,000억 달러 규모가 취소되거나 연기되었다. 이런 사항이 계속되면 세계 경기가 회복될 때 공급이 부족해지지 않을까 하는 것이 IEA의 판단이다.

오는 2013년쯤이면 오일위기(supply crunch)가 닥칠 수도 있다고 본다. 이렇게 되면 2008년 7월 석유 1배럴당 147달러라는 고유가시대를 넘어설 가능성도 배제하기 어렵다."

더 빛나는 제로카본도시 마스다르의 위업

만에 하나 다나카 노부오 IEA 전임 사무총장의 예단대로 고유가시대가 도래하면 우리의 삶은 더 황량해진다.

다시 OECD의 '2030 환경전망보고서'를 살펴보면 대기오염이 심각해지면서 미세먼지로 인해 조기 사망하는 인구도 급격하게 늘어날 것으로 보고 있다.

특히 한국과 일본이 가장 위험하다고 한다. OECD는 2030년 도시오염노출에 따른 100만 명 당 사망자 수를 따져볼 때 한국과 일본은 88명으로 전 세계 평균(30명)보다 두 배 이상 높았다고 분석했다.

예컨대 지구촌의 신재생에너지 개발과 준비는 앞의 IPCC 보고서와 이번 OECD 보고서를 교집합해보면 어김없이 아부다비 마스다르 지향점 또는 미래성과의 조우가 가능해진다.

이제는 주목 수준이 아닌 큰 점수를 주는 일에 인색은 자가당착일 뿐이다. 우리 모두가 주목할 수 있는 실물경제 현주소에 마스다르 존재가치를 다시 일깨어 주고 있다.

3. 오바마 그린 뉴딜 메뉴

　지구촌의 핵심의제는 '그린'이다. 어느 누구도 부정하거나 이의를
달 사람이 없을 터다. 우선 미국발 금융위기가 진행중이여서 그렇다.
　여기에는 두 가지 국정 방향이 이를 방증시키고 있어 토를 달 수
없을 정도로 지구촌이 그린에 매달리고 있음을 알 수 있다.
　굳이 두 가지로 구분하는 이유는 국내용과 해외용으로 나누어야만
이해의 빈도를 높일 수 있을 뿐 아니라 현실성을 제시해 반사이익까
지 거둘 수 있기 때문이다.
　앞에서 소개한 중동지역 산유국에서 부는 그린혁명의 시말도 여기
에서 오십보백보임은 물론이다.
　물론의 물론은 마스다르의 당위성 확보는 전 세계적인 핵심과제
'그린'의 새 역사를 쓰고 있다는 점을 배제할 수 없다는 데 있다.

MB정부의 '저탄소 녹색성장'

2008년 8월 이명박 정부는 새로운 국정방향의 하나로 녹색성장을 천명했다. 이산화탄소를 적게 내뿜는 산업을 신성장동력산업으로 키우겠다는 정책 방향을 내걸었다.

그래서 2009년 한국경제의 화두는 주력산업의 '녹색전환(그린 트랜스포메이션)' 이다. 정부가 앞장서고 기업들이 이를 받아들이면서 온 국민이 녹색혁명에 지금의 금융위기까지 해결하는 마이더스로 보는 시각을 쉽게 접한다. 이를 화답하듯 최근 주요 국가들이 그린 뉴딜 정책에서 괄목할 만한 성적표를 쌓기 위해 국력을 쏟아 붓고 있다. 너무나 잘 알려진 국정방향일 수 있다. 하지만 이를 요약하면 MB정부의 주력 산업 녹색화전략은 '3G전략'으로 추진되고 있다.

하나는 녹색혁신(Green Innovation)이다. 9대 주력산업을 비전에 따라 세분화시켜 업종별로 녹색기술과의 융합을 통해 기존산업의 저탄소화를 도모하겠다는 것이다.

둘은 저탄소형 산업구조로의 재설계(Green Restructuring)이다. 에너지를 많이 소비하는 산업비중이 높은 경제 구조를 저탄소형 구조로 전환하겠다는 것이다.

셋은 가치사슬의 녹색전환 달성(Green Value Chain)이다. 기획-원료-생산-유통-소비-폐기 등의 가치사슬 전 과정을 친환경적인 저탄소형으로 전환시키는 것이 핵심이다.

버락 오바마 미국 행정부의 그린 뉴딜

지구촌 신재생에너지 보고서에 가장 큰 그림을 그리고 있는 곳은 미국이다. 미국이 한국을 미투(me too) 했다거나 그 반대의 경우라 해도 의미는 마찬가지다.

한국과 미국에 국한하지 않고 영국과 프랑스, 일본과 중국 등이 화답하듯 서로가 작당(?)하듯 그린 뉴딜에 동참한 형국을 보였기 때문이다. 세계 경제가 급속하게 악화되고 있는 가운데 2009년 2월 출범한 버락 오바마 미국 대통령은 후보 시절 공약에서 지구온난화에 관한 국정 방향을 제시했었다.

온실가스 총거래제(總去來制) 실시를 비롯하여 2050년까지 1990년 수준 대비 80% 감축, 신축빌딩의 탄소배출 억제와 저탄소연료기준 채택을 제시했다.

특히 2009년 3월 독일을 방문한 토드 스턴 미국무부 기후변화특사는 AP통신과의 의미심장한 멘트를 토해냈다.

오바마 미국 행정부의 속내를 그대로 들어 낸 대목이 된다.

기후변화특사는 2009년 12월 덴마크 코펜하겐에서 열리는 유엔변화총회에서 채택할 협정문 타결을 위한 독일 본에서 열린 회의에서 행한 멘트라 속내 이상의 절박함이 묻어 있다.

"미국이 8년 공백을 깨고 기후변화 문제와 관련된 다자협의 무대에 복귀하여 이 문제에 심각한 우려를 갖고 있음을 보여주려고 한다"고 밝혔다.

여기에 그치지 않고 오바마 미국 행정부는 최우선 정책과제로 그린 뉴딜을 차세대성장산업 육성으로 삼고 있다는 점이다.

그린 뉴딜 정책의 실천을 위해 친환경분야에서 향후 10년 동안 1,500억 달러를 투입시켜 500만 개 일자리 창출은 물론 에너지 고효율주택 100만 가구 건설 등을 포함시키고 있다.

결국 미국의 그린 뉴딜은 전 세계의 핵심과제로 '그린'을 포함시킨 장본인이자 견인차 구실까지 떠맡겠다는 신호이기도 하다.

미국은 세계 인구의 4.6%를 차지하고 있고 전 세계 에너지의 25%를 소비하는 에너지 소비국가이기 때문에 그린 뉴딜에서 얻어지는 가치사슬이야말로 지구촌 경제의 핵심과제 이상의 산업적 태풍으로 볼 수 있다.

친환경도시 그린스버그의 기대

버락 오바마 대통령은 백악관 입성 두 달만에 지구의 날을 맞아 아이오와 주 뉴턴의 풍력발전소를 방문했다.

그는 "풍력 자원의 잠재력은 이용하면 2030년에는 미국 전기 수요의 최대 20%를 맡을 수 있을 것이다"라고 그린 뉴딜에 거는 기대치를 밝혔다.

하긴 오바마 대통령은 대통령 취임에 맞추어 첫 상·하원 합동회의 연설 때 밥 딕슨 그린스버그(Greensburg) 시장(市長)을 친환경도시로 탈바꿈하려는 모범 인사로 초청했다.

그는 당시 "친환경에너지가 사회 전체에 어떤 힘을 발휘하고 어떻게 일자리와 산업을 일으킬 수 있는지를 그를 통해 세계적인 본보기가 될 것이다"라고 소개했었다.

그린스버그는 미국 중부 캔자스 주에 위치한 인구 1,500명의 소도시다. 2007년 5월 최대 풍속 330km/h의 토네이도로 주택 730가구 가운데 700가구가 피해를 보았으며 주민 11명이 희생되는 참사를 입었다. 도시 95%가 토네이도에 의해 파괴된 그린스버그는 곧 친환경 풍력발전소 구축으로 제2의 마스다르 탄생을 보게 된다.

그린스버그 시청의 스티뷰 후이트는 "풍력 발전설비를 가동할 경우 그린스버그는 도시가 필요한 전력의 100%를 친환경에너지에서 얻게 된다"라고 설명했다.

그린스버그는 풍력 발전기 10개를 포함한 발전설비를 연방정부 지원금과 기부금으로 건설할 예정이다.

12.5MW급 발전소여서 도시가 필요로 하는 전력을 모두 책임지고 남는 수준이다. 남은 전력을 네이티브 에너지에 20년 간 공급하는 계약도 성사시켰다.

그린스버그는 토네이도 피해를 즉각 복구하지 않고 시간이 걸리지만 친환경도시로의 변신을 택한 이유가 이제 햇빛을 보게 된 꼴이다.

그린스버그 주민 일부는 장기간의 간이주택 생활을 견디지 못하고 도시를 떠나가기도 했지만 대부분은 불편을 참고 친환경정책을 반기고 있다고 한다.

앗살라무 알라이쿰

오일 시티에서 그린 시티로의 발전을 서두른 중동지역 산유국들의 변신은 오바마 대통령의 이 지역 방문에서도 그 위력은 드러냈다.

2009년 6월 4일 오바마 대통령은 취임 이후 처음으로 사우디아라비아를 거쳐 이집트 카이로대학에서 있었던 연설은 두 가지 측면에서 기념비적 사건이 되었다.

하나는 미국과 이슬람 간의 '새로운 시작'을 선언했다. 오바마 대통령은 15억 무슬림을 향해 화해의 메시지를 전하는 역사적인 연설을 했기 때문이다.

그는 "미국과 무슬림 사이의 긴장의 시대를 목도했다"며 "이 같은 긴장이 역사적 폭력에 기인한다. 서구의 과오를 인정할 수밖에 없다"는 소신을 밝혔다.

영국에서 발행되는 아랍 일간지 〈아샤크 알아우사트〉의 미나 알오라이비 칼럼니스트는 CNN과의 인터뷰에서 "오바마는 '평화'라는 단어를 29번이나 언급했으며 '테러리즘'은 단 한 번도 언급하지 않았다"면서 오바마 대통령의 선택은 '영리했다'고 평가했다.

어떤 나라도 자국 체제를 타국에 강요해서는 안 됨을 천명한 것에 관한 멘트였다.

둘은 한국처럼 고유문화를 지키면서 경제발전을 비약시킨 일본과 한국의 경우를 사례로 제시했다.

이 두 나라들은 이제 그린 뉴딜에 매진해 새로운 역사를 쓰고 있듯이 무슬림 15억 신도들도 지구촌 미래를 위해 함께 '새로운 역사를 다시 쓰자'고 역설했다.

아부다비 마스다르가 가고 있고 방향과 지향점이 너무나 일치한 대목임을 알 수 있다.

　특히 중동지역 산유국들에 그린 뉴딜에 대한 변신에 높은 관심과 큰 발전을 기도하면서 강연 처음을 이렇게 입을 열었다. 이것도 아랍어로 말이다.

　"앗살나무 알라이쿰(당신에게 평화를)."

　물론 이 강연의 마지막 매듭 인사도 아랍어로 이어졌다.

　"수크란(감사합니다)."

4. 토마스 프리드먼의 충언

　모든 보고서의 백미는 현안문제의 해결책에 관한 답변서 역할을 기대하는 것으로 요약된다. 지구촌 화두로 떠오르고 있는 '그린'에서 '그린 혁명'이 가져오는 범위의 경제와 연결의 경제를 제대로 파악하기 위해서는 그린관련 보고서 확보는 당연한 의무이자 욕구에 해당한다.

　따라서 필자는 아부다비 마스다르를 포장(?)하기 위한 지구촌의 신재생에너지 보고서라는 형식을 취해 큰 틀의 두 가지 보고서와 오바마 미국 행정부의 정책 방향까지 챙겨서 이를 섭렵시켰다.

　그러나 모든 일은 사람이 사람에 의해서 사람에 의한 주관된 내용과 철학을 배제하고는 부족함에서 자유롭지 못하다.

　혹시 여기에 그린 전도사의 증언이나 충언이 곁들여질 때 비로소 마스다르가 지향하고 꿈꾸는 미래상에 관한 구체적인 감동을 가슴에 새기는 동기부여가 될 수 있다.

부족함을 만족감으로 이어지는 가교로서 토마스 프리드먼의 충언은 그래서 필요할 수 있다.

Green Missionary

〈렉서스와 올리브나무〉라는 글로벌 베스트셀러를 통해 '세계화 전도사' 역할을 담당했던 토마스 프리드먼 뉴욕타임스(NYT) 컬럼리스트는 요즘들어 '그린 전도사'로 변신했다.

그는 〈렉서스와 올리브나무〉에서 맥도날드가 진출한 나라끼리는 전쟁을 하지 않는다는 '황금아치 평화론'을 폈다.

〈그린 코드〉에서는 컴퓨터 메이커 델의 부품 공급업체를 들어 동일한 공급망에 연결된 나라끼리는 전쟁을 하지 않는다는 '델 평화론'을 폈다.

2009년 2월 고양 킨텍스에서 열린 그린포럼에 참석해서 강연한 그는 지구촌의 신재생에너지 보고서다운 멘트를 내세워 수많은 청중에게 세계적 화두가 되고 있는 '그린 뉴딜'의 필요성과 확보성을 이렇게 정리했다.

"뜨거워지고 평평해지고 붐비는 세계에서 가장 성장성이 있는 사업은 에너지 기술을 의미하는 ET(Energy Technology)가 될 것이다."

그는 강연에 앞서 행한 언론과의 두 가지 인터뷰에서 "한국 녹색성장 열성에 놀랐다"면서 동시에 "한국 녹색엔지니어 1만 명을 키워라"라고 충언하기도 했다.

앞의 충언은 한국 프레스센터에서 외국인 기자들과의 인터뷰 한 멘트이고 후자는 고양 킨텍스에서 가진 한국 언론인들과 멘트로 구분할 수 있다.

세 가지 이유

녹색기술이 차세대 정보기술이 될 것으로 보는 세 가지 이유를 이렇게 정리했다.

첫째, 지구가 뜨거워지고 있기 때문이라는 점을 꼽았다. 그는 "빙하시대와 현시대 간 평균 온도 차이는 단 6℃밖에 안 된다"며 "6℃ 차이로 지구가 얼음덩어리가 되거나 아니면 뜨거워질 수 있다"고 지적했다.

둘째, 지구가 글로벌라이제이션으로 평평해졌다고 예단했다. 그는 전 세계적으로 중산층이 급격하게 확산되면서부터 한국을 비롯한 중국과 러시아 사람들이 미국식 소비방식을 추종할 경우 길거리는 더 막히고 환경이 악화됨을 걱정했다.

제로카본시티 마스다르가 완공되는 날에는 지구온난화의 주범인 자동차 대신 태양광으로 움직이는 개인용 운송수단(PRT: Personal Rapid Transit)이라는 이름의 캡슐이 자동차로 대신함을 알게 되면 그의 걱정은 조금 반감될 수 있다.

셋째, 전 세계가 인구로 붐빈다는 점이다. 그는 "구글(Google)에 내 생일(53년 7월 20일)을 입력하면 당시 전 세계 인구가 26억 8,000만 명으로 나온다"며 "오늘날 인구는 62억 명이 되었고 내가

100살이 되는 2053년에는 92억 명으로 늘어날 것이다"고 정리해서 인구폭증에 따른 에너지 수요를 걱정했다.

이들 문제에 대한 해결책은 바로 ET산업의 극대화를 주문했다. 그린 에너지라는 것이 단순한 환경보호가 아니라 경제적 힘과 국가 안보를 담당하는 원천(源泉)으로 간주하기도 했다.

이와 관련해 토마스 프리드먼은 "한국은 천연자원이 없이 머리를 써야 하는 나라"라며 "이런 면에서 한국은 운이 좋은 나라"라고 진단했다.

충언의 무게만큼 그는 "1만 명의 한국 엔지니어를 1만 개의 장소에 집어넣어 획기적인 아이디어를 도출할 수 있도록 만들면 100개 정도의 아이디어는 정말 좋은 아이디어이고 그 가운데 2개는 차세대 그린 삼성으로 성장할 수 있을 것이다"라고 단언했다.

따라서 그는 "1만 명이 녹색혁신 아이디어를 도출할 수 있도록 정부가 앞장서서 여건을 만들어 줘야 한다"는 강조도 빼지 않았다.

2009년 2월 22일 오후.

그는 청와대에서 이명박 대통령을 만난 자리에서 "머릿속의 석유는 사라지지 않는다"며 "모든 재원이 두뇌 속에 있는 한국은 혁신적인 환경기술을 개발할 수 있는 무한한 잠재력을 지녔다"고 말했다.

또한 그는 "한국은 자원의 빈곤으로 어려움을 겪고 있지만 녹색기술에 투자하면 세계를 선도할 것이다"라며 "이명박 대통령의 '저탄소 녹색성장'은 지금의 한국에 적합한 비전이며 아시아의 녹색성장 허브를 한국이 주도하고 있는 것 같아 상당히 인상적이다"라고 평했다.

그는 특히 "한국 녹색도시기술이 중국과 인도에 통용될 수 있다면 전 세계에서도 통할 것"이라고 덧붙였다.

이에 대해 이명박 대통령은 "녹색성장은 석유자원이 없는 한국에서는 가야만 하고 갈 수밖에 없는 선택의 여지가 없는 유일한 살 길이다"라고 대답했다고 한다.

'지구촌의 신재생에너지 보고서'를 마지막 정리하면서 필자는 국내 언론매체에 도배되고 있는 기사들을 다시 수록하는 우(愚)를 범했다. 매끈함과는 거리가 면 중언부언(重言復言)도 서슴지 않았다.

이유는 다른 데 있는 것이 아니다. 마스다르라는 도시건설에서 아부다비가 얻어 낼 수 있는 여러 가지 카드 가운데서 그린 테크놀로지(GT)를 육성시켜 전 세계가 주목하는 수준의 도시로 거듭나는 일에 천문학적인 거금을 투자하고 있음을 간파할 수 있었다는 점이다.

토마스 프리드먼의 충언대로 그린 테크놀로지 발전은 이제 시작에 불과한 수준이기 때문에 도시국가로서는 이러한 시대적 부응에 시장 선점을 생각한 것으로 풀이할 수 있다.

지금 사하라 사막 위에 내리쬐고 있는 무한대의 태양광은 어디 석유와 비교나 할 수 있을까.

Chapter 3
녹색산업으로 이슬람 돈맛을

CHALLENGE of GREEN MASDAR

녹색성장 산업은 일반 제조업과 다른 사업적 특징을 지닌다. 자금 회수기간이 매우 길고 투자비마저 천문학적이다. 문제는 투자비 염출이다. 이를 위한 대안으로 중동지역 오일머니 환류가 급부상한 상태다. 이를 위해 이슬람 머니의 러브콜에 동참하는 일이 중요해지고 있다.

1. 달러 운명은 중동이 쥐고 있다

　미국발 금융위기가 실물경제로 옮겨 가면서부터 전 세계 경제는 새로운 위기를 맞고 있다. 미국을 비롯하여 유럽은 물론 제조왕국 일본이 흔들리고 있다.

　2008년 7월 석유 1배럴당 147달러라는 고유가 시대를 경험한 우리는 새삼 중동지역 산유국의 오일머니에 대한 관심이 증폭되었다. 부정적인 시각도 바꾸기 시작했다.

　우선적으로 그린 마켓이 글로벌 경제기조와 맞물려 가면서 신재생에너지산업의 부흥이 최우선 과제로 등장을 초래했다. 이를 위해서는 많은 기업 자금과 금융 자본이 필요하게 된다. 그 대안이 바로 오일머니의 수요다. 그동안 세계의 화폐로 군림했던 달러가 약세로 돌아서면서 지금은 달러의 운명을 좌지우지할 정도로 오일머니 파워에 대한 기대가 커졌다.

　제로카본시티를 구축하고 있는 도시국가 아부다비 오일머니의 위력이 뒷받침되는 일을 배제하고는 설명이 되지 않을 정도다.

총 공사비 220억 달러에 달하는 이 대형 프로젝트가 금융위기 속에서도 진행되고 있다는 점에서 나온 신뢰감이 이를 증명해 주고 있다.

따라서 아부다비 마스다르의 현재와 미래를 조명하는 데 가이드라인이 오일머니라는 점을 부정할 수 없게끔 오일머니 파워는 막강하다. 그래서 당연히 주목이 된다.

잘 다듬어진 아부다비 도심의 해안도로를 달려 본 사람이면 마스다르의 미래에 대한 감이 옮겨 온다.

해안도로를 따라 조성된 야자수 거리는 모두가 자연이 아닌 인공적으로, 그것도 오일머니가 아니고서는 꿈도 꿀 수 없는 작품(?)이 펼쳐지고 있다.

실제로 세계 최대의 국부펀드(SWF)를 운영하고 있는 아부다비투자청(ADIA)은 이번 금융위기에서 적잖은 손실을 보았다. 그동안 운용자금 대부분을 위탁 관리한 관행에 따른 손실이었다.

하지만 그들은 이번 금융위기를 기회로 삼아 변화와 변신의 옷으로 갈아입기 시작했다. 더 적극적인 금융관리에 돌입한 것이 간단없이 포착되고 있기 때문이다.

그 진상을 찾거나 알아야만 아부다비 마스다르의 현재와 미래를 조망할 수 있기 때문에 세계 금융인의 관심사의 하나인 오일머니에 대한 러브콜을 이해할 수 있다.

칼럼리스트 윌리엄 페섹의 오일머니에 대한 견해

아부다비를 포함한 모든 중동 산유국들이 석유 판매로 벌어들인 돈으로 포스트 오일머니를 위한 투자에 매진하고 있다. 이를 두고 블룸버그 경제신문 칼럼니스트 윌리엄 페섹의 의견과 견해는 시의적절하게 정리하고 있다. 그의 주장에 따르면 오일머니의 축적은 크게 세 가지 문제를 발생시키고 있다고 밝혔다.

하나는 풍부한 오일머니 유동성은 글로벌 금융위기 이전까지는 세계 증시 · 글로벌 헤지펀드 · 사모펀드 등을 통해 전 세계 부동산 시장에 흘러들어 거품을 배가시키고 있다는 점이다.

중동 산유국들의 자본 이동 경로는 매우 불투명하다. 거대한 오일머니가 공식적인 외환보유고가 아닌 비밀스러운 정부 투자펀드에 들어가면서 생긴 부작용으로 정리하고 있다.

둘은 중동지역 산유국의 오일머니는 중국은행보다 훨씬 은밀하고 비밀스런 조직에 의해서 이루어지고 있다는 사실이다.

중국은 미국 정부 채권을 미국으로부터 직접 사지만 중동지역 산유국은 실제 소유주를 숨긴 채 런던이나 말레이시아 등 중개사로부터 사들이고 있다.

셋은 중동 산유국들의 불투명한 자금 운용은 결국 글로벌경제의 심각한 불균형을 촉진할 수 있다는 지적이다.

중국은 점차 유연한 환율제도로 이행하고 있지만 중동 산유국들의 통화는 미국 달러에 연동되어 있다.

그동안 고유가 행진에 따른 비축한 달러가 급속히 증가하고 동시에 미국 달러의 가치는 하락세를 보이고 있다.

따라서 중동 산유국들의 통화 가치도 더욱 떨어지고 있다. 국제무역 불균형이 우려되는 대목이다.

게다가 이들 산유국은 최근 달러가 하락세를 보이자 보유 외환에서 달러를 내다 팔고 유로 자산 등을 사들이고 있다.

이런 세 가지 관점을 살펴보면 윌리엄 페섹의 주장에 일단 수긍되는 부분이 없지 않다. 바로 중동 오일머니가 미국 달러의 운명을 좌지우지하는 것이 드러나 있기 때문에 더욱 그렇다.

최근 국제통화기금(IMF) 발표에 따르면 지난 2007년 기준 이슬람 관련 총자산규모는 1조 달러에 달한다고 한다.

2000년 들어 연평균 15%의 성장을 지속하고 있다. 이처럼 이슬람 금융자금의 규모가 커지면서 국내 기업들의 관심도 증폭되고 있다.

특히 석유회사인 SK와 GS 등 중동지역과 거래가 있는 기업들의 관심은 높아지고 있다. 한국금융사 가운데 한국투자증권이 이슬람금융 담당부서를 신설하고 국내 기업의 수쿠크 발행을 추진하고 있다.

오일머니의 향수(鄕愁)

돈에는 이름이 없다. 주인의 꼬리표도 없다. 그러나 돌고 도는 것이 돈이다. 오일머니의 수혜 도시국가로서 아부다비에서 느낀 돈(oil money)의 모습은 다양한 것이다.

예를 들면 아부다비가 자랑하는 해안도로의 야자수 거리는 모두 오일머니가 아니고서는 불가능한 도시미화다.

모든 급수를 오일머니 파워에 의해서 해결하는 것으로 시작해서 도시 전체를 안정과 성장으로 변화시킨 저력이 모두 여기에서 비롯되고 또 배경설명이 된다.

더욱이 석유 한 방울 나지 않는 나라 사람에게는 더 진한 현실감으로 다가온다. 한마디로 오일머니에 대한 향수(鄕愁)다.

굳이 여기서 한 해 원유도입비로 900억 달러 지출국가 한국을 들먹이지 않더라도 오일머니가 주는 향수는 남다르다. 남다를 수밖에 없다.

단 한 가지 이유 때문이다. 고유가로 시달렸던 슬픔의 쓰나미를 희망의 멜로디로 바꾸는 것이 과연 가능할까. 아니면 불가능할까. 그것도 아니라면 러브콜의 합주곡이라도 불러 보아도 좋을까.

확실한 대답을 유보한 채 급조된 애국자 신분의 필자가 되고 싶었다는 욕구보다는 소비자 꼬시기에 인력이 붙은 한낱 마케터로서 아부다비 해안도로를 달리는 차 안에서 듣던 방송의 노랫말이 더 가슴마디를 저민다.

그저 평화로운 리듬과 아나운서의 멘트는 다른 세상을 달리는 착

각으로 이끌었기 때문이다.

그래서 필요 이상 오일머니에 관한 얘기가 많아지고 있다.

다만 위정자의 자리에서만이 생각할 수 있는 사안이라고 자위해도  왠지 희망의 멜로디를 불러보고 싶다.

물론 필자가 애국자가 되고 싶다는 욕심과는 거리가 있지만 어글리코리언이기에 오일머니 러브콜은 자장가만큼 향수를 자아내고 있음을 숨기고 싶지도 않다.

아라비아해에서 부는 바닷바람이 아부다비 도심을 낙조로 물들이고 있는 관경(또는 풍광) 앞에 자장가의 향수는 다섯 시간의 시차를 잊고 시도 때도 없이 아련하게 가슴마디를 다시 친다.

오늘따라 나 아닌 다른 나가 꼭 풀어야할 과제이고 숙제라는 점에서 벗어나지 못한 자승자박(自繩自縛)이 괜히 미워진다.

2. 쿠쿠하세요!

우리에게 낯익은 텔레비전 커머셜(CM)은 여러 가지가 있다. 삼성전자의 '헤이, 너도 스타가 되고 싶어?' 의 애니스타를 비롯하여 에쓰-오일의 '좋은 기름이니까!' 등이 그것이다.

여기에 쿠쿠홈시스의 쿠쿠가 빠질 수 없다. 광고 모델의 멘트는 제품 소개를 통해 가정의 정겨움과 가정의 행복을 잘 살려내고 있다.

'쿠쿠하세요!' 라는 텔레비전 커머셜로.

흥미만점이게도 중동지역 오일머니 러브콜은 아랍채권의 다른 표현인 수쿠크(Sukuk)를 이해하는 것에서부터 시작된다. 한국판 쿠쿠와 모음조화로 닮은꼴인 수쿠크 사랑을 배제하고는 이론적 접근은커녕 아무것도 이해가 되지 않고 또 소득도 없다.

이제 수쿠크는 텔레비전 커머셜 차원을 넘어 전 세계 금융인들에게 목하 주목의 대상이 되고 있다. 돈의 요술을 닮아가는 쿠쿠 광고 메시지가 이제부터는 커머셜 화두를 떠나 세계적인 금융 이슈로서 등장하고 있다.

이자가 아닌 배당 개념의 수쿠크

수쿠크 역사는 올해로 46년을 거슬러 올라간다. 지난 1963년 이집트의 미트 강 은행에서 시작되었다.

하지만 세계 금융의 메커니즘이 자본주의 발달과 맥을 달리해 발전한 관계로 수쿠크는 별로 주목을 받지 못했다.

이런 수쿠크가 중동지역의 오일머니 파워로 작용한 2000년부터 변신의 기회를 얻게 된다.

미래기금 정립 형태로서 아랍채권 수쿠크는 중동지역 개발붐에 편승하여 국제자본화의 진입이 가능했다.

그러나 전제조건(前提條件)이 붙는다.

수쿠크는 이자 받은 것을 금지하는 이슬람 율법에 따라 '이자' 대신 '배당' 형식으로 지급되는 아랍채권이라는 점이다. 기존의 지불방식과는 차이가 있다. 개념과 운용이 다른 전제조건이 붙기 때문에 이해의 접근방식도 함께 달라진다.

국제금융시장의 신데렐라 수쿠크

국제유가 상승으로 오일머니가 득세하던 과정에서 수쿠크는 주목을 받게 되었다. 수쿠크 발행시장은 지난 2000년 3억 3,600만 달러 규모에 불과한 것이 2007년 말 400억 달러 이상증가세를 보였다.

돈 냄새를 맡은 국제 헤지펀드투자와의 합류에 의해서 결국 수쿠크 시장이 크게 성장하고 있다. 투자 흐름도 이슬람 국가를 거쳐 지금은 전 세계로 확대되고 있는 추세다.

하긴 이슬람경제권이 커지면서 이슬람율법 샤리아(Shariah)에 따라 발행되는 수쿠크가 빅뱅을 연상시킬만큼 급팽창하면서 신데렐라로 부상하고 있다.

유럽이나 아시아 투자자들이 이슬람경제의 성장 과실을 누릴 수 있는 가장 간단한 방법이 수쿠크에 투자하는 것으로 알려지면서부터다.

전 세계 채권시장 vs 수쿠크시장

세계 수쿠크시장의 발원지는 바레인이다. 그러나 지금은 아부다비가 맨 중앙에 포함되면서 이제는 '아부다비＝수쿠크' 등식마저 생겨나고 있다.

예를 들면 수쿠크 발행은 국가별로 40억 4,000만 달러에 달하고 사우디아라비아는 17억 7,000만 달러로 그 뒤를 잇고 있다.

이제 수쿠크 하면 아랍에미리트연합의 중앙은행이 소재한 아부다비와 마스다르를 연상하게끔 수쿠크의 위력과 이용은 절대적 가치를 지닌다.

특히 경제부흥의 기치를 내걸고 있는 GCC Look으로 보면 수쿠크에 대한 관심은 상대적으로 높아 가고 있다.

2008년 한 해 동안 수쿠크 발행 규모를 400~500억 달러로 잡고 있다. 씨티그룹 이슬람 금융 책임자인 라프 하니프는 국내 한 언론사와의 인터뷰에서 "향후 2년 동안 GCC 소속 6개국 인프라 투자액이 500억 달러에 이를 것이며 이 중 최소 30%는 수쿠크를 통한 자금이 조달될 것이다"라고 밝혔다.

이처럼 수쿠크가 뜨고 있는 이유는 간단명료하다.

샤리아는 무기, 술, 담배, 도박, 포르노 등에 대한 투자를 원천적으로 금지하고 있다.

때문에 최근 들어 수쿠크 수익에 눈을 뜬 이슬람권 투자자들은 물론 '투자윤리'를 의식하는 서방투자자들 사이에도 인기가 높아 가고 있기에 그렇다.

하루가 다르게 발전하는 이슬람경제에서 수쿠크의 발행 규모와 시장 규모는 하나의 대안이 아니라 채권투자의 모범답안을 만들고 있다.

쿠쿠홈시스의 텔레비전 커머셜 '쿠쿠 하세요!' 는 모른다 해도 아랍채권(또는 아랍버전)으로서 수쿠크에 대한 연구와 조사는 그래서 더욱 필요하게 되었다.

마스다르 프로젝트 하나만 떼어 보아도 수쿠크의 최대 시장으로 발전하고 있는 아부다비에서 오일머니 파워의 실체와의 회우는 이런 것을 알고 이해하고 또 이용하는 것에서 시작되고 있다.

3. 수쿠크에 대한 쿠란 정신(精神)

수쿠크(Sukuk)

– 이슬람권에서 방행하는 채권(債券)으로 투자자들에게 확정이자를 지급하는 대신 투자한 사업에서 나오는 수익을 배당금 형식으로 지급하는 것을 말한다.

무라바하(Murabaha)

– 이슬람 금융회사가 부동산·상품 등을 사려는 사람과 계약을 맺고 매수자를 대신해 대금을 매도자에게 지급한 후 매수자로부터 원금과 일정 비용을 상환하는 방식을 일컫는다.

서구에 보편화된 구매자 금융과 유사한 형태로 이슬람 금융 거래의 75%를 차지한다.

이자라(Ijara)

– 무라바하 다음으로 활용한 거래형태로 리스와 비슷하다. 금융회사가 건물이나 설비 등을 구입해 투자자에게 임대료를 받고 대여한 것을 말한다.

만기가 되면 리스한 자산을 금융회사가 반환하거나 잔존가치를 지급하고 취득한다.

무다라바(Mudaraba)

– 돈이 필요한 사업가와 투자자가 맺은 계약을 지칭한다. 사업자는 해당 사업에서 수익이 발생할 경우 투자자에게 이자를 지급하는 게 아니라 계약을 체결할 때 미리 정해놓은 이익 배분율에 따라 배당금을 지급한 것으로 이해하면 된다.

앞에서 소개한 네 가지 이슬람 금융상품은 서구와 다른 기준이고 다른 운용이다. 특히 이슬람금융에서 아랍채권의 다른 표현인 수쿠크(Sukuk)는 이자 개념이 아닌 분배의 방식에 의해서 운용되고 있음을 알 수 있다.

여기다가 이슬람 법전(또는 성전)인 쿠란에서 가르치고 있는 소득과 분배에 대한 정의부터 챙겨서 읽는 수고가 전제된다.

쿠란의 가르침 – 소득과 분배

자비로운 형제애와 경제 정의에 관련된 이슬람의 계명(誠命)에서 소득과 분배의 총체적 불평등은 이슬람 정신과 위배된다.

이와 같은 불평등은 이슬람이 요구하는 형제애를 강화하기 보다는 오히려 파괴시킬 뿐이기 때문이다.

같은 맥락에서 이슬람의 분배정의(分配定議)는 다섯 가지 계획을 혼합(混合)하는 데서 의미와 행동을 지니게 된다.

이는 이슬람 금융체계를 집대성한 수쿠크시장의 운용원리가 통용되는 이론의 접근책이 된다.

첫째, 훈련을 위한 설비를 마련하고 실업자에게 고용과 능력에 따라 일자리를 찾을 수 있는 기회를 제공하기 위한 금융제도 운용의 허락이다.

둘째, 노동에 대한 적당한 보수를 지급하는 제도의 실천이다.

셋째, 실업과 연금, 노후 대비를 준비할 수 있는 사람들에 대한 의무적인 보험 마련이다.

넷째, 정신적 장애자와 미성년자와 같은 스스로를 부양할 수 없는 부류의 사람들을 위한 봉사 정신의 발휘다.

다섯째, 쿠란에 따라 부의 축적에 관한 허용(halal)과 금지(haram)를 성실하게 따르는 일 등이다.

결국 수쿠크의 금융운용은 분배정의(justice)를 철저하게 지키는 일에서 빛을 발하게 됨을 알 수 있다.

쿠쿠에 구애(求愛)하는 나라

한국에서 수쿠크에 관한 문제접근의 역사는 짧다. 매우 짧다. 대학과 여의도 금융전문가 사이트에서 '오일머니 환류(還流) 방안'을 연구하거나 조사하다 보면 수쿠크와의 회우와 맞닥뜨리게 된다.

하지만 이슬람 금융이나 중동지역에 관해서 관심이 없는 사람에게 수쿠크는 단순한 금융제도로서 이해될 뿐이다. 용어 해석이나 금융운영에서도 늘 변방이었다.

그러나 중동지역이 오랜 규각(閨閣)을 깨고 오일머니 파워를 기반 삼아 경제부흥에 나서면서 들고 나왔던 금융운용 카드가 바로 수쿠크라는 점이 알려지면서부터 새로운 지평을 열기 시작했다.

이번 글로벌 금융위기에서 배운 경험이고 교훈이 그렇게 가르친 결과일 수 있다.

결론부터 얘기하자면 수쿠크를 통하면 시드머니가 되기 때문에 일렬종대(一列縱隊)가 이루어지면서 금융운용에 매달리는 모습이 이를 잘 설명해 주고 있다. 하긴 이슬람 율법 샤리아(Shariah)에 따라 운영되는 수쿠크는 서방은행 운영방식과 달리 이자 대신 실물자산을 운용해 얻은 수익을 배당형태 등으로 지급토록 규정한 금융제도다.

이런 제한에도 불구하고 오일머니 파워와 오일머니 유입에 따른 풍부한 유동성이 뒷받침이 되어 적잖은 수익이 투자자에게 돌아가자 수쿠크는 빠른 성장세를 보이고 있다.

특히 9·11테러 이후 되돌아오는 해외 금융자금 등에 힘입어 이슬람금융이 재평가되는 세상이 되었다.

이제부터 수쿠크에 관심을 보이고 있는 국가별로 그 내용을 자세하게 알아보자.

일본의 시각

한국수출입은행과 같은 기능을 가진 일본국제협력은행(JBIC)은 2008년 1월 도쿄에서 '이슬람금융 세미나'를 개최하였다.

일본에서 처음 있는 일이었다. 주최 측의 예상을 뒤집고 일본 재무성과 금융청 고위 관계자 등 200여 명이 모여서 대성황을 이루었다.

이를 지켜본 일본 매스컴은 이슬람금융 기사를 대서특필하는 등 최대의 관심을 보였고 여기에 따른 운용에 착수했다.

이러한 착수에 힘입어 최근 일본국제협력은행은 일본 재무성과 공동체제를 구축하여 수쿠크 발행을 준비하고 있다. 간사기관으로는 뱅크, 네가라, 말레이시아를 선정해서 4~5억 달러 규모의 수쿠크를 발행할 것이라고 한다.

마에다 타다시 JBIC 에너지자원국장은 "중동의 오일머니를 아시아 채권시장에 끌어들이는 과정에서 일본이 주도적 역할을 하겠다"고 밝혔다. 말레이시아에서 시작된 아시아 지역 수쿠크 발행 바람은 일본 상륙이 가시화되고 있다.

영국의 시각

2007년 1월 런던 더 시티(런던 금융 메카)에 소재한 독일계 웨스트BL은행에서도 수쿠크 발행 설명회가 있었다.

사우디아라비아 부동산개발회사 다르 알 아르칸이 4억 2,500만 달러 규모의 수쿠크 발행을 위한 모임에서도 40여 명의 유럽계 기관투자자가 몰려들었다.

유럽이슬람투자은행은 런던에 수쿠크 거래소를 개설했고 본격적인 수쿠크 운용에 들어가는 기민성마저 보였다.

글로벌 금융위기의 직격탄을 맞은 런던 금융가는 자세를 바로잡고 금융규제 제로화와 완전 경쟁화를 캐치프레이즈로 삼아 오일머니 러브콜을 주도하고 있다.

미국의 시각

미국 석유회사 이스트카메론 파트너는 미국 기업 가운데 처음으로 지난해 10월 1억 6,000만 달러 규모의 수쿠크를 발행했다.

여러 가지 제한적 요소를 지닌 수쿠크 운용을 감안한 이유 때문에 미국의 수쿠크 발행은 소극적이지만 런던의 움직임과 말레이시아의 약진에 고무(?)되어 외면이 사실상 어렵게 되었다.

미국 브라운 브라더스 해리먼(BBH)의 투자전문가인 마크 챈들러의 "미국에서 수쿠크 발행은 이슬람 율법과 무슬림에 대한 존중을 나타내는 부수효과도 있는 만큼 미국 재무부가 달러와 표시 수쿠크 발행을 서둘러야 한다"라는 목소리와 주장이 처음 나왔다.

그러나 2008년 9월 투자은행 리먼브라더스 파산 이후 아부다비투자청에 손을 내민 씨티그룹의 경우는 기민한 운용으로 구분된다.

한국의 대응

한국정부는 최근 중동지역 이슬람 자금유치를 위해 법령 및 세제 정비에 돌입했다.

최우선적으로 이슬람 율법에 어긋나자 않게 국내 금융 관련법을 정비하고 세금을 깎아 주거나 면제시켜 중동지역 오일머니를 끌어들이겠다는 계획이다.

2009년 3월 기획재정부에 따르면 수쿠크의 지위를 명확하게 하고 세제혜택 부여 쪽으로 정책을 진행시킬 것으로 알려졌다.

마스다르와 동시에 추진 중인 새만금 대역사가 완성되기 위해서는 수쿠크가 대안에 대안이 되는 점을 인식한 결과인지 모른다.

문제는 제도상의 걸림돌로 이슬람 자금이 한국금융시장에 들어오지 못하는 일이 없도록 관련제도를 대대적으로 정비하는 일이 시급한 실정이다.

한국법률로는 이자는 비용으로 인정되지만 배당은 과세대상이라 세제상의 불리한 점이 도사리고 있다. 수쿠크가 채권인지 어음인지 아니면 투자증권인지에 대한 법적 지위도 현재로서는 없는 상태다.

오일머니의 러브콜은 이슬람 자금 유치에서 금융정책의 걸림돌을 다 빼낸 것에서부터 풀어야 되는 시대를 맞고 있음을 알 수 있다.

인도네시아의 시각

아시아 지역 이슬람 국가인 인도네시아는 태부족인 사회간접자본

인프라 구축을 위한 수쿠크 발행에 매우 적극적이다.

발전소와 고속도로 같은 대형 인프라 건설 프로젝트의 자금원천으로서 수쿠크 발행이 필요함을 절감한 경제상황이 상존하고 있기 때문이다. 인도네시아는 교통체증 문제해결을 위한 자카르타 모노레일 사업에 필요한 소요 인프라 자금 6억 5,000만 달러를 수쿠크 발행으로 해결했다.

인도네시아 국영 전력회사 페루사한 리스트릭 네가라도 전력 인프라 구축에 필요한 자금 15억 달러 상당의 수쿠크 발행을 말레이시아 중앙은행과 협의 중으로 알려지고 있다.

반면 아시아지역에서 말레이시아는 수쿠크 발행 초기부터 유통시장을 열었던 관계로 런던을 제치고 현재로서 수쿠크 발행 메카로 자리를 구축한 상태다.

수쿠크 발행 규모의 60%를 차지할 정도다.

수쿠크 발행에 관해서 다시 말레이시아를 소개하겠지만 말레이시아 금융그룹인 CIMB의 바들리샤 압둘가니 이슬람 금융담당 부사장의 인터뷰 기사는 시의적절한 표현으로 볼 수 있다.

"투자자들이 지금은 수쿠크를 사서 그냥 보유하는 경우가 많지만 시장 규모가 커지면서 유통시장 활성화에 대한 요구도 함께 늘고 있다."

4. 말레이시아와 수쿠크의 밀월

1997년 태국 바트화(貨) 폭락으로 아시아의 경제위기가 시작되었을 때 말레이시아는 예외가 될 수 없었다.

한국도 예외가 아니었듯이 말레이시아는 태국과 인도네시아처럼 외환위기와 급격한 자본유출, 그리고 고통스러운 경기침체를 겪었다.

당시 한국, 태국, 인도네시아 등은 IMF 구제금융과 고금리 정책을 통해 위기극복에 나선 반면 말레이시아는 고정환율제와 자본통제라는 다소 독특한 금융정책으로 칼바람과 같은 도전에 응했다.

그 후 12년이 흐른 지금 말레이시아는 전 세계 수쿠크 발행시장의 70%를 차지하는 성적표 달성과 함께 이슬람 금융의 메카가 되었다.

실제로 수쿠크 발행시장에서 그동안 말레이시아가 쌓고 닦는 금융 노하우가 이제 빛을 보고 있음도 이런 이유 때문이다.

현재 말레이시아의 주요 경제지표는 1990년대 IMF 위기를 대부분 극복한 것을 가리키고 있다. GDP는 1,307억 달러이고 1인당 국민소득은 5,126달러(2005년 통계수치)에 달한다.

우선 자본유출을 통제하기 위해 도입되었던 고정환율제는 2005
년 7월 중국의 위안화(貨) 절상에 맞추어 관리변동환율제로 바뀌는
등 세계 금융시장 질서에 앞장서고 있다.

이러한 발 빠른 대응책은 수쿠크 발행에서 오는 자신감과 차별성
이 주는 프리미엄 경제의 산물로 이해할 수 있다.

그러나 말레이시아 금융당국은 지금도 자국 은행의 경쟁력과 효율
성을 높이기 위해 금융정책 개혁의 고삐를 늦추지 않고 있다.

자산규모 2위의 부피퍼트라상업은행(Bumiputra Commerce
Bank)은 사우트뱅크(Southern Bank)를 흡수. 합병했고, 자산규모
5위의 암뱅크(AmBank)는 지분 25%를 호주 ANZ그룹에 매각했다.

외국계 은행과 수쿠크 발행시장의 함수 찾기

말레이시아에 진출해 있는 외국계 은행의 면면을 살펴보면 수쿠크
발행시장에서의 득세는 기정사실화에 대한 이해를 요구한다.

우선적으로 말레이시아 수쿠크 발행시장에서 외국계 은행들의 진
출과 선전은 우리에게 신선한 충격으로 다가오고 있다.

그러나 말레이시아가 다졌던 수쿠크 발행시장에 도전장을 내민 것
은 가까운 이웃 도시국가 싱가포르다.

싱가포르도 글로벌 금융위기를 겪으면서 모든 경제지표가 추락하
고 있지만 오일머니 환류에서 최적의 모델이 수쿠크 발행이라는 점
을 간파하고 있다.

최근에 들어 싱가포르는 수쿠크 발행에 걸맞게 금융규제의 제로화라는 카드까지 들고 나왔다. 싱가포르는 DBS·UOB·OCBC 등 3대 플레이어가 금융시장을 주도하고 있는데 지금은 수쿠크 발행마저 말레이시아 특수를 그대로 벤치마킹하고 있다.

말레이시아 최대 은행인 메이뱅크(MayBank)의 자산규모가 DBS의 절반에 불과하다는 점만 미뤄 보아도 싱가포르 은행들의 적극적인 모습은 예사롭지 않다.

향후 수쿠크 발행시장의 변화를 읽기에 충분한 필요조건을 갖추고 있다는 점이 그렇다.

말레이시아의 수쿠크 사랑

말레이시아의 금융산업도 글로벌 금융위기 이후 지속적인 구조조정을 통해 이전보다 건강한 체질을 가지게 되었다. 펀더멘탈(Fundamental) 확보에 만전을 기하는 모습까지 보였다.

말레이시아는 이제 잘 정비된 금융시스템과 많은 이슬람 인구로 이슬람 뱅킹의 선구자적인 위치에 서 있다.

앞에서 언급한 대로 말레이시아가 최근 4년간 전 세계에서 발행된 수쿠크의 70%를 차지할 정도로 강세를 보인 것은 우연이나 필연만은 아니다. 그 중앙에는 수쿠크 발행시장의 이점을 빼놓을 수 없다.

특히 중동지역 오일머니 환류방안(還流方案)에서 우리가 한 수 배우고 운용하기 위해서는 말레이시아계 은행들의 금융운용 노하우를 터득하는 것에서 출발하는 것도 좋은 길라잡이가 될 것이다.

그것도 부족하다면 그냥 '쿠쿠 하세요'를 따라 부르면 된다.

왜냐하면 글로벌 금융을 이해하기 위해서라도 외길 거래보다는 우회 거래가 득이 될 수 있기 때문이다.

은밀하게 거래되는 오일머니의 특성을 이해하고서 이슬람 금융이 요구하는 수준에 부응하는 것이 최선의 방법이 될 수 있다. 지피지기(知彼知己)가 빈말이 아니지 않는가.

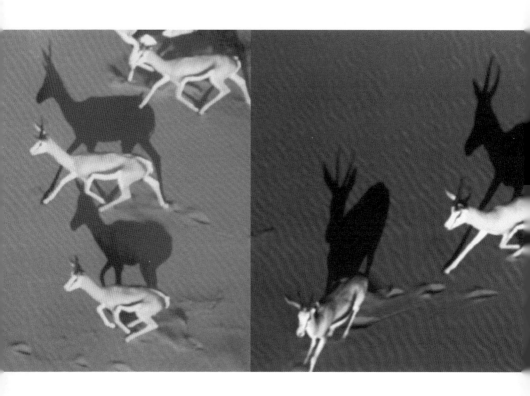

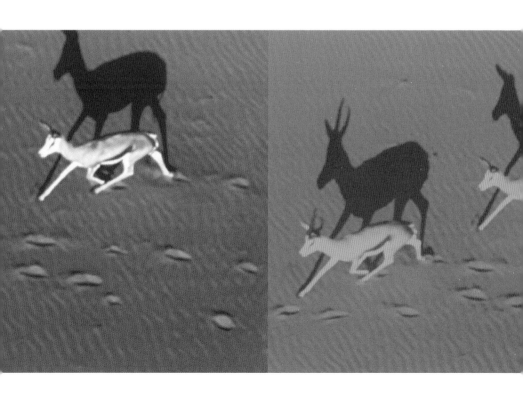

Chapter 4

석유제로 시대는 오는가

CHALLENGE of GREEN MASDAR

신재생에너지 사업은 크게 여섯 가지로 요약할 수 있다. 태양광발전을 비롯하여 풍력과 원자력발전, 스마트그리드와 전기자동차, 그리고 LED가 대표주자다. 이들 6인방이 석유제로시대의 첨병으로 각인되기 시작했다.

1. 태양광은 지구의 최대 축복

햇빛과 바람을 이용한 에너지. 어린 시절 교과서에서만 보았던 신재생에너지가 현실화되고 있다. 글로벌 금융위기 이후에는 돈도 되고 국력도 된다.

돈의 다른 표현으로 어려운 영어를 빌려서 쓰자면 그린 이코노미 이니셔티브(Green Economy Initiative)에 해당한다. 의미마저 똑같다. 이제 세계 공통어 반열에 오른 그린 뉴딜(Green New Deal)과 동격이기 때문이다.

대표적인 신재생에너지사업으로는 태양광과 풍력이다. 우선 태양광 에너지는 화석연료를 대체할 수 있는 에너지 가운데 가장 유력한 대안으로 꼽히고 있다.

각국 정부의 태양광 에너지 보조정책과 신기술 개발 등에서 힘입은 바 컸다. 앞으로 10년 이내에 화석연료 에너지와 비슷한 수준의 가격 경쟁력을 갖출 것으로 평가되고 있다.

따라서 태양광발전은 석유제로시대를 여는 신재생에너지의 대표주자로서 기대주 이상의 의미로서 우리에게 희망 그 자체다.

이 때문에 세계 태양광 시장규모는 매년 40%씩의 높은 성장률을 보일 것이 예상된다. 그린 이코노미 이니셔티브를 얻기 위해 노력하는 각국 정부의 노력은 가히 비상의 수준을 넘어섰다. 국내외 관련기업들의 행보도 매우 빨라지기 시작했다.

포론컨설팅의 전망

태양광 관련기업들의 빨라진 행보의 원천은 무엇일까. 달려가는 기업들의 몸짓에서 그들이 기대하는 것은 무엇일까. 태양광이 폭발적인 인기를 얻고 있는 이유는 무엇일까.

'무엇일까' 시리즈의 정답은 태양광 시장에 대한 미래 전망이 좋기 때문에 규모의 경제와 연결의 경제만 갖추면 된다.

왜냐하면 전 세계 태양광 시장 조사업체로 유명한 포론컨설팅은 이렇게 답을 주고 있다.

시장조사업체 독일 포론컨설팅의 발표에 따르면 1999년부터 2007년까지 9년 동안 태양광산업은 연평균 48% 고속성장을 이뤘다.

2006년 태양광발전 규모는 2,536MW였는데 2007년에는 두 배에 가까운 4,279MW로 늘어났다. 오는 2010년까지 23GW가 넘을 것으로 예측하고 있었다.

최근 한국 삼성경제연구소는 태양광이 화석연료(fossil fuel)와 대등한 경제성을 가지는 시기를, 일본은 2010년일 것이고 미국은

2015년이 될 것이다. 한국도 2020년으로 예측했다.

이러한 수치에서 미뤄 보듯이 관련기업들이 태양광에 매달리는 것은 신재생에너지라는 효용 이외에 부가가치를 키울 수 있는 산업 연관효과가 크기 때문이다.

우선 규소를 정밀 가공해 만든 폴리실리콘을 시작으로 잉곳과 웨이퍼를 거쳐 셀과 모듈을 만든 뒤 시스템 시공에 이르는 밸류체인(value chain)에서 기업들은 저마다 수익을 창출해 낸다.

국가적으로도 태양광발전은 온실가스 감축을 비롯해 기술축적에다 고용창출효과까지 기대할 수 있다고 믿고 있어서 적극적으로 장려한 것도 태양광발전의 미래를 더욱 밝게 하고 있다.

서울시 vs 건국대학교 vs 프라운호퍼 연구소

산업기술 강국인 독일에서 태양광산업 하면 대표적으로 프라운호퍼(Fraunhofer) 연구소가 꼽힌다.

독일 전역 56군데 연구소와 기업, 그리고 학교와의 컨소시엄 형태로 운영되고 있으며 1만 3,000명의 직원들을 거느리고 있다.

광학유리와 렌즈를 제조하는 독보적인 기술개발을 이룬 요제프 폰 프라운호퍼를 기려 만든 이 연구소는 응용기술 연구개발에서 세계 최대다. 연간 운영예산만도 13억 유로다.

프라운호퍼 연구소는 올해 5월 8일 서울에서 건국대학 분자첨단 기술연구소와 기술발전협약을 맺고 이를 통해 차세대 태양전지를 개발하는 연구소를 설치했다.

차세대 태양전지는 태양광발전 패널(PV Panel) 대신 곳곳 건물에 이 기술을 접목시키면 에너지 절약형 건물이 들어설 수 있다.

따로 태양광 패널을 설치하지 않아도 되고 디자인을 해칠 필요도 없다. 한마디로 마스다르가 요구하는 수준의 그린 테크놀로지의 일종이다.

그래서 프라운호퍼 연구소의 서울 설치는 차세대 기술의 메카로서 기대를 한 몸에 받고 있는지 모른다.

특히 이 연구소는 2008년 5월 서울시와도 '에너지 협력협약'을 맺은 바 있다. 2010년 서울 마포구 상암동 월드컵공원 안에 세워지는 에너지 자립형 건물인 '에너지제로센터'의 설계 작업에 참여했다. 또한 에너지 절약형으로 지어지는 서울시 신청사 설계에도 힘을 보탰다.

2008년 한 해 동안 국내 태양광발전은 10배 증가

최근 에너지관리공단 발표에 따르면 올해 3월 31일 현재 사업목적의 태양광발전소는 전국 981개소로 발전량이 303MW에 이른다.

2007년 말 28MW에 불과하던 것에 비하면 1년 사이 10배 이상의 증가세를 보이고 있다. 관련기업들의 투자나 수출 규모도 급증하고

있다.

신생에너지업체 가운데 상위그룹 30곳의 올해 투자할 목표도 3조 1,500억 원이다. 이는 2007년 1조 8,916억 원에 비해 66%나 증가할 것으로 예단했다.

하지만 글로벌 마인드 렌즈로 한국 태양광산업을 자세하게 들여다 보면 아직은 걸음마 수준임이 분명하다.

기술로는 독일과 일본에 비해 떨어지고 제품가격으로는 중국에 밀리고 있다. 이를 만회하고 동시에 아부다비 마스다르가 요구하는 수준의 그린 테크놀로지는 우리의 장점인 시스템에 대한 연구와 발전은 필수에 가깝다.

우선 건물일체형 태양광 발전 시스템인 BIPV(Building Intergrated Photovoltaic)과 독일 프라운호퍼 연구소의 차세대 기술, 그리고 벽면형 시스템의 영문 매뉴얼 구비도 선행되어야 한다.

사하라 사막에서의 대박 꿈

태양광발전소하면 단골 메뉴로 등장하는 동기부여의 메시지가 있다.

"태양 에너지는 1시간(또는 60분) 동안 지구에 떨어지는 양만으로도 전 세계가 1년(또는 365일) 동안 소비하는 에너지와 같다."

하지만 이런 효용을 얻어 내려면 우선적으로 태양빛을 직접 전기로 바꿔 주는 기능을 하는 태양전지에 있다. 태양전지는 반도체와 같은 원리로 작동한다. 그래서 태양전지로 쓰이는 대표적인 재료 역시 반도체에 쓰이는 실리콘이다.

요즘 사용되는 태양전지의 경우 광전변화 효율이 최고 약 25%로 매우 높은 편이다. 하지만 제조단가가 매우 비싼 점이 흠이자 한계다.

이를 극복하기 위해서는 실리콘웨이퍼의 두께를 현재의 200마이크로미터에서 50마이크로미터로 줄여 재료비를 절감시키는 기술이 필요하다.

사하라 사막을 태양광 패널로 채우고 나서 생산한 전력으로 유럽까지 진출하려는 마스다르의 미래 구상이 이렇게 요구할 날이 멀지 않다.

한국은 유비무환(有備無患) 차원에서 살펴보아도 비좁은 국내 시장에 안주하거나 아옹다옹하지 말고 눈을 해외시장으로 돌려보면 어떨까 싶다.

왜냐하면 사막이 태양광 발전의 메카가 될 가능성이 크기 때문이다. 사막은 일조량이 많은데다 아프리카 전 대륙에 고루 분포되어 있고 동시에 불모지로 버려져 있어 태양광 패널을 대규모 설치할 수 있는 최적의 장소가 아닌가. 만에 하나 사막을 개발하다가 유전이라도 발견하면 대박이 따로 없을 터다.

비근한 예시가 될 수 있을지 모르지만 아부다비 마스다르가 필요로 하는 영문 매뉴얼 준비가 그래서 선행 메뉴에 오르게 된다.

한국 증시가 미국 나스닥의 영향권에서 천수답 신세를 면치 못한 이치처럼 발전차액지원제도(feed in traiff)에만 매달리는 형국에서 관련업계는 하루빨리 벗어나야 한다.

지원한도가 극에 달한 태양광 사업부문이 아닌 비(非)사업부문에서 이제 승부를 걸어야 할 시점에 이르고 있음을 직시해야 한다.

한국은 일조량에 의존하기 때문에 대규모의 부지가 필요한 것을 이유로 토지가격 상승 차원을 노리고 태양광산업에 진입하는 전근대적 발상은 이제 졸업할 시대가 되었다.

태양광 기술에 앞선 일본의 경우를 반면교사로 삼아 여기에 대한 비전과 미래를 함께 구축할 것을 주문하고 싶다.

이런 지적과 현안문제, 그리고 개선점은 다음 제5장 '그린 테크놀로지보다 이제는 시장이다'에서 다시 만날 수 있다.

2. 바람의 자원화 풍력발전

　한국이 신재생에너지를 가장 심각하게 고민하던 때는 지난 1973년으로 거슬러 올라간다. 전 세계가 오일 쇼크로 몸살을 앓았던 그 시절이다. 그 당시 독일 공학도인 앨로이 우벤(Aloys Wobben)은 프러시아 지방에서 독일 북부까지 자전거 여행을 떠났다. 그의 관심은 단 한 가지 문제로 모아졌다.

　"석유는 곧 고갈이 된다. 당장 준비하지 않으면 인류의 미래는 악몽이 된다. 고갈되지 않는 에너지를 실용화할 수 있는 방법은 무엇일까?"

　젊은 공학도다운 발상의 시초이자 발상의 끈이 이어진 일은 이 다음이다.

에네르콘(Enercon) 창업 히든 스토리

결론부터 얘기하자면 그가 찾은 해법은 '바람'이다. 그에게 독일 북부 해안가의 거센 바람은 자연이 인간에게 준 시련이 아니라 인류를 석유의 위기에서 구할 소중한 선물일 수 있다는 생각에 미친다.

지금의 아이디어 수준으로는 평균점 이하이지만 그게 대박의 아이디어로 이어진다. 고작 올해로 36년 전의 일인데도 말이다.

정확하게 지난 1984년 앨로이는 독일 북부의 소도시인 아우리히 시(市)의 차고 하나를 빌려 풍력발전기 공장을 차린다.

거센 바람이 1년 내내 부는 아우리히 시는 풍력발전기 연구와 개발, 기술시험과 제품생산의 최적지였다.

오늘날 전 세계 풍력업계를 이끄는 에네르콘(Enercon)은 그렇게 세상에 태어났다.

풍력발전기의 벤츠 에네르콘

에네르콘이 생산한 제품 풍력발전기는 이 시장의 벤츠로 불린다. 대부분 에네르콘의 제품군(群)도 '승용차의 벤츠'로 통하고 있다. 값은 비싸지만 그만큼 믿을 만한 제품을 뜻한다.

풍력발전의 본고장 독일에서 시장 점유율이 41.7%로 1위를 차지하고 있다. 세계 풍력발전기시장은 2007년 기준으로 14%를 마크해 4위에 링크되어 있다.

이 시장의 점유율이 암시하듯 에네르콘이 보유한 풍력발전기 관련 특허의 68%에 달한다.

지멘스 같은 글로벌 대기업마저도 에네르콘에 특허료를 지불하고 풍력발전기를 생산하고 있을 정도다.

에네르콘이 지난 30여 년간 전 세계에 설치한 풍력발전기는 1만 3,000개를 넘는다. 독일 내에서도 6,000여 개에 이르고 있다. 설치한 풍력발전기의 용량은 15.5GW(기가와트)나 된다. 5인 가족이 한 달 평균 450kwh를 사용한다고 가정할 때 550만 가구 2,750만 명이 쓸 수 있는 전기량이다.

에네르콘은 지난 1991년 세계 최초로 기어가 없는 풍력발전 터빈 개발에 성공했다. 잔 고장이 많은 기어를 없애면 회전의 속도가 빨라지고 고장률이 제로베이스일 뿐 아니라 부품 마모도 상대적으로 줄어든다.

또 구조가 단순해져 유지와 보수가 편리해진다. 여기에 그치지 않고 소음이 크게 줄고 환경파괴 위험이 상대적으로 감소하는 효과를 기대할 수 있게 만들었다.

에네르콘 발전의 뒤안길에는 독일 내수시장에 만족하지 않고 해외 시장을 공격한 데 있다.

1991년 네덜란드 수출로 시작하여 지금은 세계 38개국에 수출네트워크를 구축했다. 이와 같은 일취월장 때문에 에네르콘은 2007년 한 해 동안 30억 유로의 매출에 종업원 1만 1,000명을 거느리게 되었다.

풍력의 신세계

에네르콘의 성공신화처럼 풍력발전 능력은 2000년 이후 전 세계적으로 매년 평균 25%를 차지하고 있다.

풍력발전은 오는 2030년에 이르면 수력발전 규모를 넘어 신재생에너지 부문에서 가장 큰 비중을 차지할 것으로 전문가들은 전망하고 있다. 풍력발전은 석유제로시대에서의 패권을 차지할 수 있다는 뜻이기도 하다.

마스다르도 풍력발전은 태양광발전 다음으로 이를 응용하는 데서도 향후 이 산업의 전망치에 대한 기대의 폭을 증가시키고 있다.

풍력발전의 성장가능성을 좋게 보는 이유는 우선 생산비용이 저렴하다는 데 이견이 없다. 예를 들면 육상 풍력발전 비용은 지붕에 설치되는 태양광 발전비용의 20%에 불과하다. 하지만 성장하고 있는 풍력발전에도 넘어야 할 장애물이 한두 가지가 아니다. 무엇보다 님비(NIMBY) 현상이 퍼져 설치장소의 주민들은 풍력발전지대가 되는 것을 꺼리고 있다.

따라서 풍력발전기업은 육상보다는 해양 풍력발전에 관심을 두고 여기에 필요한 기술적 축적을 기대하지만 육상 풍력에 비해 두 배 이상의 구축비용이 들어간다는 단점을 해결하는 과제를 안고 있다.

McCormick 플레이스

미국 시카고 다운타운에서 남쪽으로 조금 내려가면 세계적인 전시

컨벤션센터 맥코믹(McCormick) 플레이스가 자리를 잡고 있다.

지난 2009년 5월 5일(현지시간)부터 세계 최대 풍력전시회 '윈드파워 2009'가 열렸다. 버락 오바마 미국 행정부와 미국 내 글로벌 기업들의 풍력에너지에 대한 관심을 방증하듯 올해 전시회에는 참가업체가 1,200개사에 달했다.

2008년 휴스턴 행사에 참석한 기업 70개사에 비하면 두 배 가까운 참가비율을 보인 셈이다.

풍력발전기 세계 1위 베스타스를 비롯하여 GE에너지와 클리퍼 등 주요 풍력업체는 물론 신생기업들도 대거 명함을 들이밀고 있었다.

이처럼 미국 내 풍력시장이 큰 관심을 끈 이유는 오바마 행정부가 강력한 신재생에너지 지원정책을 펴면서 미국이 최대 풍력시장으로 뜨고 있기 때문일 것이다.

2008년 한 해 동안 미국 풍력시장은 신재생에너지 부문 전체 생산량 가운데 42%를 차지했다. 투자규모만도 170억 달러에 달했다.

실제로 미국은 같은 기간 동안 풍력발전 용량 8,545MW를 추가시키면서 누적 용량이 2만 5,369MW에 이른다.

이는 700만 가구가 하루에 사용할 수 있는 규모로 풍력발전 강국인 독일의 2만 3,903MW를 처음으로 제쳤다.

그렇다고 해도 미국 풍력발전 비중은 미국 전체 전력량 가운데 1.25%를 차지할 뿐이다. 하지만 미국 행정부가 2030년까지 풍력발전을 전체 전력의 20%가 되도록 하는 목표를 세운 만큼 풍력발전산업은 앞으로도 무궁무진하다는 전망이다.

맥코믹 플레이스에서 열린 '윈드파워 2009'가 문전성시를 이룬

점을 짐작하게 하는 대목일 수 있다.

미국 풍력발전에 출사표를 던진 한국 유니슨

한국 풍력발전부문을 대표하는 기업인 한국 유니슨은 '윈드파워 2009'에서 미국시장 진출을 발표했다.

발표배경에는 한국 유니슨의 미래비전이 포함되어 매스컴의 주목까지 받아 냈다. 이정수 회장은 국내외 풍력발전 관련기업들이 신재생에너지 붐을 타고 이 시장에 뛰어들고 있지만 자체 기술개발보다는 해외 라이선스 계약을 맺고 쉽게 생산하는 것을 우려했다.

한국 유니슨은 풍력발전기와 부품, 그리고 발전기를 떠받치는 타워에 이르기까지 한국을 대표하는 풍력발전기 전문 업체다. 2000년부터 풍력사업에 뛰어들어 750kw와 2MW급 풍력발전기를 개발했다.

이 회장은 "풍력발전기에 수많은 부품이 들어가는데 일부 업체는 국산화율이 크게 낮다"고 전제한 후 "자체 기술개발에 투자하지 않고 남의 기술을 사 오게 되면 장기적으로 회사의 국가경쟁력을 갖추기 어렵다"는 것을 강조했다.

또한 그는 "바람이 강한 미국 텍사스 등에 풍력타워를 생산할 계획이다"면서 "타워 길이가 100m가 넘기 때문에 운송이 힘든 만큼 수요가 많은 현지에서 공장을 짓는 것이 매우 유리하다"고 지적했다.

이러한 지적에는 기술세계에서의 벤치마킹 사례를 들춰 볼 필요가 있다. 한국 현대자동차가 글로벌 자동차 위기에 버티고 있는 것은 장기간에 걸쳐 개발한 자체 엔진을 갖고 있기 때문이다.

지멘스도 두 손 든 해상용 설비 도전

2MW급 풍력발전기 제조기술은 크게 세 가지로 나눌 수 있다. 날 개에서 받은 동력을 증폭시켜 발전기를 돌리는 기어 장비인 급속기가 하나다. 풍력발전기를 지상 67m 위로 받쳐 주는 철제 몸통인 타워가 다른 하나다.

특히 기어의 톱니바퀴가 원형의 내부에 필수 부품으로 일명 내치기어가 또 다른 하나다. 물론 수많은 부품도 여기에 포함될 수 있다.

하지만 이러한 제조기술에서 해상용 풍력발전기 설비에는 기어 표면 조도는 0.4마이크로미터를 요구한다. 머리카락 한 가닥의 두께가 약 100마이크로미터임을 감안하면 연마장비의 정확도가 내치기어의 생명이다.

해상용 풍력발전기는 육상보다 바람을 더 많이 받을 수 있고 지형에 제한을 받지 않는 장점이 있지만 개발비·설치비·유지비가 많이 드는 단점도 동시에 가지고 있다.

이 때문에 세계적 수준의 풍력발전기 메이커들은 경제성 이유로 5MW급 해상용 발전기 개발에 손을 놓고 있다.

독일 지멘스는 3.6MW급 이상의 해상용 풍력발전기 개발을 포기했다. 이러한 기술적 장벽을 최근 한국 효성이 발을 벗고 나섰다.

효성 풍력사업단 관계자는 국내 언론사와의 인터뷰에서 "5MW급 발전의 업그레이드가 비용문제 등으로 불확실성이 큰 것은 사실이다"면서 "하지만 이미 풍력발전에 올인하면서 그룹의 미래 신성장동력으로 삼고 칼을 빼어 든 이상 과감한 투자로 반드시 성공하겠다"

고 강조했다.

이 불황에도 수주 물량만 1조 1,000억

2009년 2월.

부산 강서구 지사과학산업단지 소재의 풍산공장

풍산은 선박부품제조가 주종이었으나, 지금은 아니다. 신성장에너지에 올인하고 있는 풍산은 선박에서 풍력부품제조로 방향을 선회하고 있다.

이 회사에서 그린 뉴딜은 미래가 아닌 현실이 되고 있다. 우선 매출 면에서 풍력발전이 차지하는 비중은 2003년 13%에서 2008년에는 76%로 커졌다.

같은 기간 매출도 566억 원에서 5,700억 원으로 0이 하나 더 붙었다. 10배가량 매출이 신장한 것이다.

부산 지사과학산업단지에 입주한 부품업체들이 수주한 풍력발전기용 부품은 이미 1조 1,000억 원을 넘어섰다.

풍산 김중명 회장은 "금융위기로 미국이 주춤거리고 있는 대신 중국이 빠르게 움직이기 시작했다"라면서 "연초 이후 중국에서 긴급 주문이 들어오고 있어 큰 기대를 걸고 있다"라고 강조했다.

풍산은 풍력발전기의 원통 몸체를 이어 주는 이음매인 '타워플랜지'에서 세계 시장 점유율 1위다. 점유율은 32%를 이미 넘어섰다.

2008년에는 중국 다롄에 베어링 공장을 가동시켰다. 동시에 독일의 증속기 생산업체를 기업인수합병(M&A)으로 부가가치를 높이는 작업도 병행했다.

풍산처럼 한국 풍력발전기 관련기업들은 경제 침체로 선박수출이 줄자 재빨리 선박부품제조에서 풍력발전기부품제조로 눈을 돌렸다고 한다.

이러한 국가경쟁력은 세계 최고의 수주인 조선사들에 부품을 납품하면서 다진 탄탄한 제조기술에서 나온 것이 분명하다.

기술 면에서는 일본에 밀리고 가격 면에서는 중국에 치인다는 '샌드위치 위기론'은 여기서는 통하지 않고 있다.

풍산의 김 회장은 "설립 규모나 기술에서 중국에 앞서 있는 것은 물론 일본에도 밀리지 않는다"면서 "이 지역은 단조업체로부터 제품을 마무리하는 가공공장이 밀집한 관계로 허브구조를 이루고 있어 원하는 제품을 원스톱으로 만들어 낼 수 있음이 특장점이 된다"고 강조했다.

이러한 풍력발전기 설치기술과 부품기술은 곧 아부다비 마스다르가 필요하고 동시에 찾고 있는 기술들이다.

오는 2016년 마스다르가 완공되면 그 다음 수순은 신재생에너지로서 아부다비의 부를 더욱 튼튼하게 만들게 하는 작업으로 로드맵이 짜여 있다.

세계 최대의 국부펀드를 운영하는 아부다비투자청(ABIA)이 뒷받침하고 있다는 점에서 가능성은 매우 높다. 돈(자본)이면 기술의 세계를 넘겨보아도 성공률은 배가 된다는 교과서식 교훈을 다시 떠올려 봄직도 하다.

3. 크리스마스트리를 밝힌 LED

2008년 12월 3일.

장소는 미국 뉴욕의 록펠러센터(Rockefeller Center).

뉴욕 관광지 미드타운에서 둘째가라면 서러워할 록펠러센터의 겨울 한철에는 아이스링크와 크리스마스트리가 명소의 명소다.

이곳에 높이 22m에 무게 8톤의 대형 크리스마스트리가 지난해처럼 환한 불빛을 뽐내고 있다.

록펠러센터의 크리스마스트리 역사는 1931년부터 시작되었다. 78년의 전통역사가 숨 쉬고 있다.

더 깊게는 미국이 2008년 9월의 글로벌위기가 혹독하게 내리친 그 분위기처럼 1931년 겨울도 뉴욕커에게 다시 기억하기 싫은 불황의 늪에서 고통을 받은 한때였다.

특히 록펠러센터의 건설노동자들은 1931년부터 크리스마스트리를 장식해서 밤의 화려함에서 고달픈 생활의 위로를 삼았다.

이 크리스마스트리에 소요된 전구는 3만 개에 달하는 LED
(Light Emitting Diode - 발광 다이오드)였다.

여기에 필요한 전력은 록펠러센터 옥상에 설치한 350여 개의 태
양광발전 패널에서 얻어지는 전기로 충당함은 물론이다. 석유제로시
대의 세 번째 아이템 LED가 빛을 발하는 대목이기도 하다.

뉴욕의 밤은 LED 기술전시장으로

최근 이 앞에 서서 좌우로 움직이면 머리 위나 정면에 특이한 형태
의 조명(照明)이 유동체에 따라 나타난다.

바로 '쌍방향 지능형 조명' 의 현주소다. 사람이나 동물 등의 유동
체 움직임을 감지하는 센서를 LED와 접목시킨 기술적 개가다.

전 세계의 유행을 선도하고 있는 뉴욕은 이제 LED 조명의 실험장
으로 변모하고 있다. 록펠러센터를 비롯하여 타임스스퀘어와 고급
호텔 등 조명이 필요한 곳이라면 가리지 않고 LED가 급속하게 확산
되고 있다.

록펠러센터에 크리스마스트리가 있다면 타임스스퀘어에는 2007
년 신년 카운트다운 때 선보인 '타임스케워 볼' 이 있다.

2008년부터는 항시 조명화되고 있다. 3만 2,256개의 LED 램프
를 이용해 다양한 컬러를 연출한다.

맨해튼 48번가의 시계탑 건물인 콘 애디슨 건물도 외관에 컬러가
바뀌는 LED 조명을 채택해 새로운 관광 명소로 떠올랐다.

LED는 광(光) 반도체에다 전기 에너지를 주입하면 빛 에너지로

바꾸는 원리를 이용한다. 전자가 전류를 흘러 주는 N반도체와 정공(hole)이 전류를 흘러 주는 P반도체를 전지적으로 접합(junction)시키면 결국 전기와 정공이 만나면서 빛이 발생한다.

석유제로시대를 여는 신재생에너지에 포함된 LED의 수명은 반영구적(5~10만 시간)이다. 1,000~4,000시간인 백열등과 비교가 안 된다. 수은을 쓰는 형광등과 달리 공해물질이 전혀 없다. 더 놀라운 사실은 LED를 이용해야만 진정한 빛의 구현이 가능해진다는 점이다.

적 · 녹 · 청 LED 하나가 256가지 색을 구현할 수 있다. 3색 LED를 조합하면 1,670만 개의 색이 나온다.

각종 조명의 디자인 혁명도 LED가 가능케 하고 있다. LED 칩 하나의 크기는 가로 0.3mm에 세로 0.3mm, 그리고 높이 0.1mm 이하의 칩 32개의 조합으로 형광등 수준의 밝기를 낸다. 1mm보다 작은 광원이 모여 빛을 내기 때문에 조명의 크기나 모양의 한계가 사실상 허물어지고 있다.

FIAT LUX(빛이 있으라)

여기다가 그린 뉴딜이 가속화되면서부터 LED 수요는 폭발하고 있다. 기후변화 대응을 위한 백열등 판매를 규제하는 나라가 늘어나기 시작했다.

미국의 시장조사업체 스트래티지 언리미티드는 "2015년께 세계 LED 시장이 오늘날 반도체 D램과 비슷한 규모가 될 것이다"이라는 전망을 내놓았다.

2009년 올해 세계시장 규모는 58억 달러일 것이고 2013년에 이르면 127억 달러로 증가할 추세라고 예측했다.

LED의 이러한 지속가능성 확보는 이제 생활의 패러다임을 바꿀 차세대 빛으로 급부상함을 얘기해 준다.

최근 저탄소 녹색성장의 정부 정책기조에 발맞춰 LED는 신재생에너지로서 차세대 광원이 되는 것은 시간문제일 뿐이다.

특히 정부는 에너지 절감을 위해 2015년까지 일반 조명제품의 30% 이상을 대체시켜 이를 촉진시킨다는 목표를 세워 두고 있다.

이제 LED로부터 얻어 내는 조명은 더 이상 단순한 설비가 아니라 인간생활과 일, 감성과 비즈니스가 합해진 서비스산업으로 등극이 가시화되고 있다.

별들의 전쟁

LED가 펼친 신세계가 서비스산업으로서 등극을 가시화시킨 일은 미국 뉴욕의 '라이팅 페어(Lighting Fair)'에서 유감없이 발휘했다.

지난 2009년 5월 5일(현지시간)부터 사흘간 개최된 이 전시회에서는 전 세계 발광다이오(LED)산업이 본격적으로 대폭발(빅뱅)의 조짐을 예견시켰다.

제품가격이 급격하게 내려 시장수효를 확대시키는 '스위트 스폿(Sweet Sport)'에 도달했다는 평가를 받았기 때문이다.

LED 관련 글로벌 기업에 속하는 필립스를 비롯하여 GE와 오스람, 소재생산 거인인 니치아와 크리 등은 이번 전시회를 통해 별들의 전쟁이 이미 시작됨을 예고해 주기도 했다.

글로벌 기업들이 선두그룹을 이루면서 LED빅뱅에 발 빠르게 대응함이 감지되기도 했다. 필립스는 2005년부터 루미네즈와 젠라이트 등 LED 관련업체 11개를 인수합병시켜 가치사슬을 완성해 세계 최대 LED 조명업체로 부상했다.

반면 GE와 오슬람도 LED업체들을 인수해 몸집을 키우고 있다. 일본 니치아는 특허공세를 강화하고 있다.

결국 LED산업은 이제 비즈니스 모델(BM)을 바꾸면서 몸집확대에 그치지 않고 별들의 전쟁에 돌입함이 역력했다.

마스다르의 러브콜

해안선은 가변이다. 이제는 자연의 거리마저 바꾸어 가고 있는 추세다. 해안도로를 따라 부두와 요트정박시설을 구축하는 일에서 해안선 가변을 가져왔다.

마스다르의 아부다비가 그렇고 한국 부산이 그렇다. 부산의 해안선 거리가 컨테이너 부두 증설이 가져온 프리미엄이 된 세상에서 우리가 살고 있다.

역시 LED시대의 상품군은 빛의 색깔처럼 많고 많다. 하늘의 별만큼 다양함은 사실이다. 하지만 제로카본시티 아부다비 마스다르가 요구하는 것은 최신 신기술이 적용된 여러 가지 LED 제품 응용과 설치로서 모든 설계도에 그대로 농축되어 있다.

아부다비미래에너지(ABFEC)의 CEO이자 마스다르 프로젝트를 진두지휘하고 있는 술탄 알 자베르(Al Jaber)는 아부다비 국립전시장에 설치 운영하고 있는 제로카본시티 견본전시실에서 국내 한 언론인과 인터뷰를 통해 한국 신재생에너지 관련기업의 입주를 주문했다. 1,500개 관련기업의 마스다르 입주를 예상한 것에 대한 주문이다.

여기에 그치지 않고 그는 마스다르에 필요한 태양광발전 패널을 비롯하여 각종 LED조명업체의 동참을 제안하기도 했다.

사실 확인(fact)이 중요하기 때문에 인터뷰 내용을 그대로 옮겨본다.

－신재생에너지 기술이 빠르게 발전한다면 산유국에는 위협이 되지 않을까.
"그럴 수도 있다. 하지만 그 기술을 주도한다면 얘기는 달라진다. 우리는 신재생에너지에 관한 한 축적된 정보가 가장 많고 기술개발에 투자할 자금도 충분하다. 지금도 전 세계를 돌며 신재생에너지 기업들과 제휴를 맺고 벤처캐피탈에 자금을 지원하고 있다. 그중에는 한국기업도 있다. 우리에게 신재생에너지는 위기가 아닌 기회다."

특히 LED 시스템에 탁월한 기술을 갖춘 한국 기업의 가로등에 대한 관심을 보였다. 그냥 가로등이 아니라 글로벌 인증을 획득한 제품에다 DVR 기능이 함께 융합된 선진국형 가로등을 지칭하고 있었다.

이러한 주문과 제안을 들으면서 가로등 하나만이라도 표준작업을 완결시키는 정부 차원의 보완이 절실함을 알 수 있다.

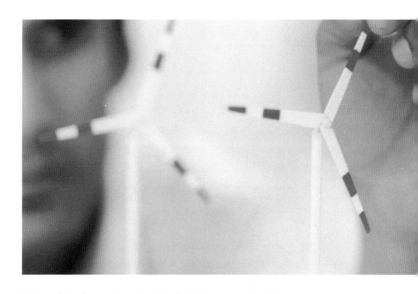

　　석유제로시대를 대응하는 마스다르가 던진 화두 그 자체만으로도
제로카본시티의 다음 행보를 읽을 수 있는 대목으로 간주된다.

4. 과학기술의 금자탑은 원자력발전

석유제로시대의 주인공은 누구일까. 석유제로시대의 최강자는 누구일까. 석유제로시대의 수혜자는 누구일까.

정답은 없다. 애시 당초 정답이 없는 물음이기 때문만이 아니다. 아부다비 마스다르 지향점이 바로 제로카본시티라는 점을 합리화하기 위한 우문우답(愚問愚答)일 수 있다.

필자는 마스다르가 포스트 오일시대를 알차게 진행시키는 현장 소개에 필요한 초대형식을 취해 '석유제로시대는 오는가'를 부각(?)시켰다.

이를 다채롭게 장식(또는 포장)하기 위해서 태양광발전을 비롯하여 풍력발전과 록펠러센터 크리스마스트리 소재인 LED까지 등장시켰다. 이제 마지막은 과학기술의 금자탑으로 평가받고 있는 원자력발전에 이르렀다.

하지만 앞의 물음, 즉 석유세로시대의 주인공(아이템)과 최강자(기업), 그리고 수혜자(도시)에서 마스다르가 차지하는 부문은 어떤 것일까를 묻고 싶었을 뿐이다.

아부다비의 원자력 러브콜

왜냐하면 마스다르를 구축하고 있는 도시국가 아부다비는 지난 2009년 5월 원자력발전소 건설에 참여하는 업체 선정 작업에 돌입한 공식 코멘트를 보내고 있었기 때문이다.

2009년 5월의 일이다. 원자력발전소 1개 건설비용이 통상 25억 달러라는 점에서 러브콜은 뉴스 가운데 톱뉴스이다.

이 거대 프로젝트의 참여자 선정 결과는 원자력발전소 설비용만큼 시간과 업체 간 고무줄 거래가 이루어진 다음에 낙점이 결정된다.

다만 우리가 기대하는 것은 석유제로시대의 원자력발전에 관한 마켓 트렌드와 마켓 형성으로 초점을 좁혀볼 수 있다.

세계는 지금 원자력 헤게모니 돌입

우선 원자력발전소 건설 업체는 지난 몇 년 사이 세계적 재편(再編)을 끝냈다. 군소업체들이 빅4라는 테두리에 항복되어 이들만이 수주전쟁을 주도함은 이미 공공연한 비밀이 되고 있는 터다.

재편된 빅4의 진용은 국경과 국경의 구분이 없는 그들만의 전쟁으로 선출된 기업들의 라인업부터가 흥미만점이다.

예를 들면 도시바와 GE, 아레바와 아톰에네르고프롬 등이다. 원자력발전소 건설을 주도했던 웨스팅하우스와 히타치, 지멘스와 미스비시중공업 등이 빅4 진영에 편입된 형국이다.

'국적도 없고 국경도 없다. 오직 승자만이 살아남는 정글의 법칙이 통용된다'는 원자력발전소 수주전쟁 현실에서 아부다비 러브콜은 잠시 미뤄두자.

분명한 것은 석유제로시대에서 수혜자는 마스다르를 구축하고 있는 도시국가 아부다비가 될 수 있다는 점이다. 다만 마켓 트렌드와 마켓 현황을 살펴보는 것으로 만족하면 어떨까 싶다.

9,350억 달러 규모의 원자력 신시장

세계원자력협회(WNA)가 발표한 자료에 따르면 건설예정인 원자력발전소는 108기이다. 검토중인 원자력발전소는 266기라고 밝혔다. 앞에서 언급한 대로 원전 1기당 건설비용이 평균 25억 달러이라면 9,350억 달러의 신시장이 열리는 셈이다.

마스다르를 구축하고 있는 도시국가 아부다비의 경우 건설 예정 수는 3기다. 이 부분만 따져보아도 75억 달러를 원자력발전소 건설에 투입함을 알 수 있다.

이러한 원자력발전소 건설에 따른 마켓 트렌드와 마켓 현황에서 특별한 점은 크게 네 가지로 요약된다.

하나는 기후변화 대응에 따른 그린 에너지에 대한 관심이 늘면서 '신규 원전 금지'에서 '원전 건설 허용'으로 방침을 바꾸는 국가들이 급격하게 늘고 있다.

둘은 버락 오바마 미국 행정부가 들어서면서 강력한 의지표명으로 청정에너지 확보라는 명분에 따라 원전업계가 31기에 달하는 건설계획을 내놓고 있다는 점이다.

셋은 이탈리아 스웨덴 영국 등 유럽 국가들은 국민투표로 원자력 발전소 건설 불가방침을 수년째 유지하고 있었다. 그러나 지금은 이 방침을 폐기했다. 최근 이탈리아는 프랑스와 원자력 협정을 체결하고 3세대 원자력발전소 4기 건설을 공론화시키고 있다.

넷은 이 거대시장은 결국 빅4의 전쟁임과 동시에 그들만의 행복한 리그전이 되는 일 등이다.

한국의 대응책과 차선책 엿보기

반면 한국은 상용 원자력발전소 건설 분야에서 후발국가인 만큼 특화된 상품의 수출전략을 세우고 있다.

대표적인 분야는 일체형 중소형 원자로인 '스마트(SMART: System Integrated Modular Advanced Reactor)'이다.

도움말로는 스마트는 상용 원자로와 달리 증기발생기와 가압기 등 주요 1차 계통 기기들을 단일 용기 내에 배치하는 점이 매력적이다.

또한 스마트는 해수담수화 설비와 연계해 사용할 수 있다는 특장점도 구비하고 있다. 무엇에 우선하여 스마트는 전력을 공급하는 동시에 담수화에 필요한 에너지를 공급해 향후 물 부족에 어려움을 겪을 국가들이 군침을 흘리고 있는 아이템이 곧 한국형 스마트인 셈이다.

전문가들은 스마트형 원전 수출에 대해서는 "국내 원전비중확대

에서 국내 원전산업 경쟁력 향상에 이어 원전기술개발 확대에다 안
정성 제고 등의 선순환 구조를 만든 것이 중요하다"고 전망했다.

원자력발전소 10기 수출하면 GDP 3%가 늘어난다

기후변화 대응이 세계적인 화두에 오르면서 '석유제로시대는 오
는가'와 '지구온난화를 막기 위한 온실가스 감축'이 이슈화된 지 오
래다.

원자력발전은 온실가스 감축과 에너지 안보라는 두 가지 측면에서
두 가지 이슈에 대한 검토가 물꼬를 틀고 있다.

상용 원전 20기를 보유하고 있는 한국은 이 분야의 다크호스로 등
장하고 있다. 최근 10년 사이 경수로를 건설해 본 나라는 한국 · 일
본 · 프랑스 3개국에 지나지 않는다.

원전 정지율도 미국과 프랑스보다 현저히 낮아 세계 최고 수준의
운영 능력을 가지고 있다. 원전 1기당 25억 달러에 달하는 맘모스 프
로젝트이면서 동시에 규모의 경제로도 원전 수주 10기면 한국 GDP
3%에 달하는 경제적 효과를 누릴 수 있다.

그러한 수치 뒤에는 1979년 3월 미국 펜실베이니아 주 스리마일
섬 원전에서 방사능 유출 사고로 발생한 이후 30여 년 동안 사실상
원전 폐기 정책을 펴왔던 미국의 시각변화가 주요변수로서 도사리고
있다.

미국은 현재 원자로 104기를 가동시켜 전체 전력생산의 20%를 의
존하고 있다. 하시만 뉴욕 월가의 글로벌 금융위기와 고유가 시대를

겪으면서 원전의 유용에 대한 기대가 높아지고 있다.

실제로 원전 1기를 짓는데 많은 일자리 창출 효과를 높일 수 있다는 점에서도 이 기대치는 원전폐기에 대한 원전부활을 노래할 것으로 풀이 된다.

제4장 석유제로시대는 오는가에서 다루어야 할 신재생에너지는 앞의 네 가지 아이템 이외에도 바이오연료와 전지자동차 등이 포함되어야 한다.

하지만 아부다비 마스다르가 요구하는 관점에서 태양광발전과 풍력발전, LED와 과학기술의 최고봉 원자력 발전으로 범위를 축소했다.

이러한 구분의 적절함과 부적절함을 따지기보다는 우선적으로 독자님들의 이해와 아량을 빌어야 될 것 같다.

Chapter 5

그린 테크놀로지(GT)보다 이제는 시장이다

CHALLENGE of GREEN MASDAR

지금은 기술 융합의 시대디. IT와 BT, BT와 GT, GT와 CT 등이 새롭게 융합되면서 신산업이 등장하고 있다. 그러나 이를 팔 수 있는 시장이 없다면 성장은커녕 제 목소리마저 낼 수 없게 된다. 그래서 국제시장은 중요해지기 마련이다.

1. 글로벌 마켓에 부는 그린 뉴딜

전화위복일까. 단기적 경제처방일까. 속 빈 강정처럼 소리만 요란스러움일까. 하지만 미국발 금융위기 속에 '그린 뉴딜'이라는 훈풍이 불기 시작했다.

버락 오바마 미국 행정부는 전 세계 기후변화협약이자 포스트 교토의정서에 솔선수범(?)을 보이고 있다. 덩달아 세계 각국이 태양광과 풍력 등 신재생에너지에 투자를 확대하고 있다.

'그린 에너지 붐'은 10년 전의 정보기술(IT) 붐에 비유된다. 특히 한국은 외환위기에 내몰려 IT벤처들이 앞장섰다면 지금은 신재생에너지기업들이 앞장서서 '저탄소 녹색성장'의 기치를 드높이고 희망의 바람을 지펴 나가고 있다.

IT와 극명하게 대조가 되게끔 제조업이라는 실물경제의 바탕을 지니고 있어 외환위기 당시와 또 다른 거품으로 끝날 가능성이 적다는 분석이다.

하지만 문제는 수익이다. 기업의 존재가치를 드높이는 이익구조의 비즈니스 모델이 가능할 것에 대한 우려는 상대적으로 높다. 그렇다고 글로벌 테크놀로지 차원에서 탁월한 선택도 있는 것이 아니다.

있다면, 믿는 구석이라면 모든 사업은 사람이 하는 것이라는 교과서식 교훈 하나만 믿고 선진국처럼 출사표를 던지고 있다.

하긴 조선 왕국 한국과 휴대폰 왕국 한국을 이룩한 배경과 성장과정의 신화창조가 은연중 작용함을 배제하면 무모한 도전임에 틀림없다.

따라서 신재생에너지산업의 원년을 맞는 2009년 한 해의 화두는 '그린 테크놀로지보다 이제는 시장이다' 에 무게를 실을 수밖에 없을 터다.

제로카본시티 마스다르가 내보낸 메시지 내용과 일치하고 있다. 글로벌 마켓에게 러브콜 레퍼토리는 흘러간 유행가가 아닌 세계 청중을 웃기고 울리는 희망가일 수 있다.

신재생에너지기업의 글로벌 행보

한국 정부는 신성장동력 찾기의 일환으로 '발전차액 지원제도' 를 도입했다. 이를 통해 수많은 태양광발전소가 가동되었다. 태양광 전기를 만들 경우 정부가 시장가격보다 더 비싸게 사 주었다. 신재생에너지 강국 독일과 스웨덴을 그대로 벤치마킹한 한국은 신재생에너지산업을 키워 나갔다. 1,000여 기업들이 태양광산업에서 뛰고 있다.

풍력발전소도 국제 검증을 받지 못했다 해도 우후죽순처럼 태어났다. 결국 돈이 되기 때문에 이제는 대기업의 참여가 주류를 이루고 있다.

한국기업들은 자의 반 타의 반으로 수익구조의 비즈니스 모델은 안중에서 잠시 비켜 두고 부나비처럼 달라붙기 시작했다. 그래서 신성장동력사업 발굴 노력은 일종의 유행 좇기와 다를 바 없었다.

유망한 사업이라고 소문이 나면 철저한 시장분석을 하거나 치밀한 전략을 짜기보다는 우선 발부터 담그는 데 급급했다.

이에 대한 반면교사는 태양광 강국 일본이 좋은 사례가 된다. 일본 정부는 태양광 에너지를 사용하면 어떤 이익을 볼 수 있었는지를 시장에서 널리 알렸다. 매스컴 동원도 서슴지 않았다.

다만 일관되게 정책을 시행하는 것에서부터 태양광산업의 강국으로 변신시킬 수 있었다. 때문에 정부보조금제도를 졸업하고 지금은 교토의정서 기치 밑에서 기후변화 비즈니스 아이템으로 미래수종산업에 올인하고 있다. 잃어버린 10년을 여기서 찾고 있을 정도다.

일본이 '교토의정서'에 목을 매는 이유도 여기에서 비롯됨은 이제 공공연한 비밀에 속한다.

그래도 신재생에너지산업은 희망이다

같은 맥락에서 출발은 늦었지만 뛰면 된다는 한국기업 정서를 우리는 항상 금과옥조로 삼고 있다. 따라서 신산업 진출 때 가장 먼저 고려할 체크리스트는 '글로벌 마켓의 흐름'과 '소비자의 변화'에 두어야 한다. 정부보조금과 정부지원책에 안테나를 세우는 데 바빴다 해도 그것을 무기로 삼은 지혜만 발휘하면 된다.

세계 유수의 자동차기업들이 내수시장에서 자본과 기술을 축적하고 이어서 글로벌시장을 노크하는 것이 교과서다.

애당초 전략 없는 한국은 신성장동력사업에서 신화 창조는커녕 국민혈세로 변죽만 울린 잔칫상을 차린 역사와 교훈, 실적과 실패에서 다시 일어서면 된다. 도움말이라면 과거를 잊거나 망각하지 말고 대신 글로벌 마켓에서 교과서대로 성공신화를 만들어 내면 된다.

자본주의 경제가 그렇게 돌아가고 있고 원자력발전소 수주를 둘러싼 빅4의 탄생과 행보는 여기에 모범답안을 쓰고 있다.

지금은 10여 년 전과 다르다는 점을 무기 삼아 실행에 올인하면 백전백승을 기대해도 된다. 금융위기가 실물경제로 옮기면서부터 금융공학의 주식보다는 금융공장의 주식을 더 선호하고 있다는 점도 글로벌 마켓의 진입에서 좋은 약이 될 수 있다.

제조업이 바탕이 되는 신재생에너지산업에 대한 기대와 희망가는 그래서 근본적으로 매우 다른 접근을 요구하고 있다.

이를 마케팅 전문가들은 '신기술보다는 신시장'에서의 모범답안에 후한 점수를 주고 있다. 결국 좁은 국내 내수시장에서 산업기반을 얻고 다시 글로벌 관련기업들이 동거한 글로벌 마켓에서 진정한 승자, 이를테면 제2의 베스타스로서 신화창조기업을 기대해야 한다.

또한 마스다르가 모범답안을 쓰고 있기 때문이다. 아부다 지도자가 천문학적 투자비용을 지불하기 시작한 마스다르 프로젝트는 출발부터 기업가적 비즈니스 마인드다.

완공까지 8년 동안 국부펀드를 통해 1,500개에 달하는 세계적인 신재생에너지기업들을 마스다르로 끌어모으고 이들을 앞세워 글로벌 마켓의 승자가 되는 일에 평가받기로 작심하고 있다.

술탄 알 자베르 마스다르 CEO는 미국 남가주대학(USC) 공학석사에다 영국 코번트리대학 경제학 박사 출신이다. 마스다르를 기업으로 보면 된다. 그냥 기업이 아니라 2016년에 태어날 신재생에너지기업의 강자가 될 것이다. 아부다비 마스다르를 진두지휘하고 있는 사령탑의 속내가 그렇다는 얘기다. 이슬람 자본만이 가능한 권력 배팅이 이를 간접증명하고 있기 때문이다.

"우리는 에너지에 관한 한 축적된 정보가 가장 많다"고 밝힌 대목을 다시 상기해 보면 그 속내의 깊이와 넓이는 같은 차원이다.

그래서 예전과 다른 신성장동력사업으로 신재생에너지산업은 마스다르의 희망가이자 우리의 미래가 보장된 수종산업이 될 수 있다. 내수시장이 아닌 글로벌 마켓에서 가려지는 진정한 승자 탄생을 기대하면서 말이다.

2. 글로벌 게임으로 통하는 그린 마켓

신재생에너지기업이 글로벌 마켓에서 지켜야 할 규칙을 정하는 협상을 흔히 라운드(Round)라고 한다.

우선 우루과이라운드(UR)가 타결된 후 새로운 라운드 이름이 우후죽순처럼 나왔다. 블루(Blue)라운드와 그린(Green)라운드 등이 그 대표적이다.

기후변화 문제와 같은 국제협약이나 라운드를 통해 글로벌 마켓을 들여다보면 신재생에너지산업 시장의 구조와 거래 과정을 체계적으로 살펴볼 수 있다.

초기단계의 환경(environment)은 자연을 파괴하지 않는 형태로 만들면서 환경기술을 이용해 기술표준에 따르는 수순을 거치면 된다.

글로벌 게임의 룰이 그렇게 요구하고 있고 이를 따르는 것이 글로벌 기업들에게도 이익이 된다.

후기 단계의 환경은 노동(labor)과 관세(traiff), 경쟁

(competition)과 투자(investment)를 극대화하는 일이다. 외국기업도 국내기업과 동일한 조건에서 시장경쟁을 할 수 있도록 정책적인 대결구도만 갖추어 준다.

이것 하나만 충분조건으로 처리해 주면 글로벌 게임의 규칙만으로도 절반의 승리자가 되고 남는다. 말로만 글로벌 마켓에서 경쟁해야 한다고 하면서 게임의 룰을 모르거나 외면한다면 기업행위는 이제 돈이 될 수 없을 뿐 아니라 통하지도 않는다.

세계적인 경제 뉴스가 리어타임으로, 그것도 거의 공짜로 공유되는 인터넷경제가 일반화되면서부터 전 세계는 이제 지구촌 개념에 익숙해졌다. 국가와 국경의 개념이 사라진 지 오래다. 있다면 기업의 적자생존뿐이다. 미국발 금융위기가 이를 잘 방증해 주고 있다.

그린 뉴딜은 지금이 최적기

그린 뉴딜에 대해서 낙관적인 평가를 지닌 인물로는 우리에게 낯익은 토마스 프리드먼(Thomas L Friedman)을 꼽을 수 있다.

앞에서 자세하게 기술하였듯이 미국 뉴욕타임스의 간판 칼럼리스트라는 점을 배제하고도 그린 코리아의 절대적 찬양가의 한 사람이기도 하다.

그린 뉴딜에 대한 그의 견해는 매우 긍정적이자 낙관 일색이다. 그의 화두를 예로 삼으면 이런 부분이다.

"냉전기대의 미국과 구(舊)소련이 우주경쟁을 할 때는 '누가 달에 먼저 사람을 보내느냐'가 핵심이었고 승자는 단 한 명뿐이었다. 천문학적인 비용을 들이면서 말이다.

그린 뉴딜에서는 여러 명의 승자가 나올 수 있다. 또한 이것은 지구촌 모든 분에게 도움이 된다는 점이다. 다만 그린 뉴딜을 이야기하고 실천할 때 '나중에'라는 표현만은 버려야 한다. 지금이 그린 뉴딜을 시작하기에 가장 좋은 시점이고 만약 지금 시작하면 세계 국가들과의 경쟁에서 이길 수 있다. 글로벌 게임의 룰이 작동되고 있기 때문이다."

그린 마켓의 수혜자

1970년대 중반 이후 사회과학의 여러 분야에 적용되기 시작한 진화론적 게임이론은 공진화(共進化: co-evolution) 현상을 모태로 삼고 있다.

공진화는 모든 조직원이 다른 구성원과의 상호작용을 통해 진화하는 것을 뜻한다. 이를테면 어느 구성원의 선택은 독자적인 판단에 의해서가 아니라 다른 구성원들의 전략에 대한 최선의 대응에 의한 결과다. 기술적 진화든 생물학적 진화든 사회발전은 공진화의 결과물이라고 볼 수 있다.

특히 지금과 같은 글로벌지향 신재생에너지산업에서 기술 확산은 단일 기술이나 제품이 독자적으로 확산되기보다는 복수의 기술이나 제품이 서로 경쟁하면서 확산되는 경우가 많다.

이러한 공진화현상을 잘 반영하면서 수리적으로 쉽게 답을 제시하는 모형이 로트카-볼테라(Lotka-Volterra Competition) 모형이다.

이른바 LVC 모형은 이익이라는 동일한 먹이를 두고 경쟁하는 기업(실제로는 생물체 사이) 간의 상호작용을 설명하기 위해 도입된 게임이론의 하나다.

한마디로 여러 기술들이 세대를 바꿔 가면서 경쟁하는 '차세대 기술진화'에 관한 학술적 과정설명에 이용되고 있다.

따라서 LVC 모형을 대입시키면 그린 마켓에서 글로벌 게임의 승자는 과연 누구일까. 승리자는 누구일까.

경제 주체자인 정부와 기업, 그리고 소비자인 우리 모두일 수 있다. 경우에 따라서는 세계 최초 제로카본시티를 구축하고 있는 마스다르도 무임승차권을 쥐면서 수혜자 반열에 들 수 있다.

하지만 그린 마켓의 글로벌 게임은 이제 시작에 불과하다는 현실론에서 보면 아직 승자와 패자를 가리는 것은 어렵다.

여기서 분명한 것은 아마도 지구(the earth)일 수 있기 때문이다.

우리가 살고 숨 쉬고 생활하는 지구가 그 얼마나 인간에 의해 파괴되고 망가진 것을 생각하면 최대 수혜자는 지구일 수 있다.

지금의 지구 현상을 잠시 다시 들춰 보면 일응 수긍할 수밖에 없다.

우선 산업혁명 이후 계속된 탄소지출경제는 인류의 생존까지 위협할 지경에 이르렀다. 각종 수치가 잘 얘기해 준다.

멀리까지 갈 것도 없이 2004년 이산화탄소 배출량은 1970년보다 80%에 이르고 온실가스 배출량은 70%나 증가했다.

1906년부터 2005년까지 100년 동안 세계 평균기온은 0.74℃ 상승했다. 해수면도 매년 1.8mm씩 상승을 계속하고 있다.

　우리 지구상에서 기후변화가 초래한 폭염과 폭우와 같은 재앙(災殃)은 해가 거듭될수록 심각해지고 있다.

　지금보다 지구 온도가 1.5℃만 높아져도 생물종의 30%가 멸종할 것이라는 예상도 있다.

　이제 지구를 살리는 길은 그린 마켓에서 모든 경제주체가 글로벌 게임에 따라 공동선을 찾아가는 길이 최선의 방법이다.

　이를 도식화시키면 그린 뉴딜이 주는 수혜자는 결국 단 하나뿐인 지구가 차지하다는 점은 자명한 이치일 수 있다.

3. 치킨게임을 즐겨라

석유도시에서 녹색도시로 발전하려는 아부다비 마스다르 진행을 지켜보면서 그린 마켓에 대한 관심은 자연스런 발상이 된다.

반신반의의 출발이 2년차에 들어서는 확신에 가까운 그 무엇이 작동함을 알게 했다. 전 세계에 걸친 그린 뉴딜이 작동함에서 비롯된 반사이익일 수 있다.

거듭 언급하지만 그린 뉴딜이 세계적인 화두로 등장한 직접적인 동기는 2008년에 시작된 글로벌 금융위기와 버락 오바마 미국 행정부의 출범이 동인이 되었다.

단기적으로는 투자확대를 통한 경기부양일 수 있다. 장기적으로는 신성장동력 확보를 위해 주요국들이 그린 뉴딜에 뛰어들었기 때문에 그렇다.

실제로 2008년 2월 아부다비 마스다르가 첫 삽을 뜰 때만 해도 국내외 매스컴의 반응은 별로였다. 그게 앞에서 언급한 경제현상이 난

조를 보이면서 그린 마켓에 대한 기대치가 높아진 배경 그대로 마스
다르가 주목을 받기 시작한 것이다.

앞에서 지적한 대로 인과응보(因果應報)일 수 있다. 하지만 2009
년 글로벌 그린 마켓은 국가적 개념은 엷어지고 다만 국경 없는 전쟁
에 돌입했다. 동시에 경쟁이 체질화되는 양상마저 보이고 있다.

끝없는 치킨게임

이해하기 쉽게 얘기하자면 이런 신문매체 기사가 도움말이 된다.

'올해 세계 휴대폰 시장이 10년 만에 마이너스 성장이 예상되는
가운데 글로벌 휴대폰산업도 치킨게임(어느 한쪽도 양보하지 않고
극단적으로 치닫는 게임) 양상에 돌입하게 될 전망이다.'

여기서 '글로벌 휴대폰산업'을 '글로벌 신재생에너지산업'으로
업종을 바꾸면 치킨게임의 본질을 제대로 파악할 수 있다.

논리를 비약시키자면 자동차산업처럼 좁은 국내시장에서 땅 빼앗
기 보다는 내수시장에서 기반을 잡은 순간부터 넓은 지구촌 개념의
글로벌 마켓을 염두에 두고 글로벌 기업과의 경쟁부터 챙겨야 한다
는 주문의 메시지가 생겨날 수 있다.

이것도 여기에서 첫 번이 아니다. 군데군데 요소요소마다 글로벌
마켓에 대한 정보공유와 현실을 개진하면서 촉구한 메시지성 주문의
아류다.

글로벌 시장에서 그린 마켓이 어렵다면 석유도시에서 세계 최초의
녹색도시를 꿈꾸는 열사의 나라 아부다비 마스다르에서의 동참과 동

행을 제안하기 위한 일종의 트릭일 수 있다.

진화하는 치킨게임

글로벌 그린 마켓에서 태영전지의 핵심소재인 폴리실리콘 시장이 공급과잉으로 치킨게임 양상을 보였다.

폴리실리콘은 신재생에너지의 태양광발전 패널을 만드는 데 꼭 필요한 소재(素材)이다. 이 폴리실리콘은 2008년 3분기까지 심각한 공급부족으로 국제가격은 천정부지로 뛰고 있었다.

하지만 글로벌 금융위기 속에서는 폴리실리콘도 이 벽을 넘지 못했고 결국 수요와 공급에 불균형이 생기면서 가격은 곤두박질치기 시작했다.

불경기에 따른 태양광산업의 신장세가 주춤해지면서 가격 급락을 가져온 것이다. 공급 과잉에 수요 급감으로 1년 사이 4분의 1 토막까지 내려갔다.

이러한 가격 하락은 당분간 지속될 것이 예상되고 결국 반도체나 휴대폰처럼 치킨게임의 경쟁에 자유스럽지 못할 것이라고 보는 견해도 없지 않다.

우선 독일 바커와 미국 헴록 등 세계 태양광 제조용 셀과 모듈 생산 메이커들의 증설이 계속되고 있어 향우 3~4년간 공급과잉현상이 지속될 것이라는 전망까지 나오고 있다.

국내 잡지매체인 〈솔라 투데이〉에 따르면 2008년 7월 국제시장에서 kc당 400달러까지 상승했던 폴리실리콘스폿(단기계약) 가격은 2009년 3월 말에는 100달러 안팎까지 하락하다 지금은 주춤한 상태다.

2005년 이후 매년 40%의 시장 신장세를 기록해 온 폴리실리콘 가격이 이처럼 급락한 것은 유럽지역의 수요가 감소했기 때문이라고 전했다.

글로벌 금융위기로 독일과 스페인 등 주요 유럽국가에서 진행되던 대규모 태양광발전 프로젝트가 거의 중단되면서 가격 하락을 가져온 것이다.

여기다가 반도체업체에 유입되던 폴리실리콘 물량이 태양광 시장으로 대거 유입된 것도 가격 하락을 부추기고 있다.

미국 조사기관의 폴리실리콘 가격 전망

향후 폴리실리콘 가격에 대한 전망을 엇갈리고 있다. 미국의 시장 조사기관인 아이 서플라이는 폴리실리콘 업체들이 신설되거나 증설을 이어 가고 있고 불황이 계속되면 오는 2011년에는 연평균 가격은 kg당 80달러까지 내려갈 것으로 보고 있다. 2012년까지는 40달러까지 내려앉을 것으로 내다봤다.

세계 유명 폴리실리콘 메이커들의 제조원가가 현재(2009년 9월) 50달러인 것을 감안할 때 불과 3년 후면 모든 업체들이 치킨게임의 패자로 전락할 것이라는 얘기다. 기술적 발전으로 이 차액은 어느 정도 보상효과를 보겠지만 폴리실리콘 제조업체 사이 치킨게임은 면치 못할 전망이다.

하지만 중국과 일본 등 주요 국가가 정부 차원에서 태양광산업을 집중 육성하고 있어 내년 하반기 이후 가격 반등이 이루어질 것이란 전망도 나오고 있다.

중국은 2009년 3월 50kw 이상 태양광 사업에 와트(W)당 2.93달러의 보조금을 지급한다는 정책을 발표하고 있다.

따라서 폴리실리콘 사업을 준비하고 있는 업체들은 자체 공장 설립보다는 아예 해외 폴리실리콘 업체를 인수하는 쪽으로 사업방향을 돌리는 업체도 생겨나고 있다.

신재생에너지에서 소요되는 여러 가지 소재 가운데 하나인 폴리실리콘의 치킨게임은 찻잔의 변화일 뿐이다.

그러나 글로벌 그린 마켓을 이해하고 향후 그린 뉴딜의 미래를 조감하기 위해서는 경쟁을 통한 발전도 선순환역할로서 의미 부여가 가능해진다.

자원빈국 한국을 그동안 먹여 살렸던 반도체와 휴대폰도 치킨게임에서 성장하고 발전한 과정을 우리는 적지 않게 보았다는 점이 그렇다.

우리는 동전의 양면성을 알고 있듯이 이론과 현실의 차이도 알고 있다. 국가정책과 마켓의 함수가 다르게 진행됨을 익히 알고 있기 때문에 폴리실리콘 치킨게임은 여러 면에서 화(禍)보다는 복(福)이 될 수 있다.

4. 그린 이코노미 · 그린 뉴딜 · 그린 잡

　신재생에너지산업에서 글로벌 마켓의 변화와 발전은 체크리스트 이상의 의미를 지닌다. 우선 아부다비 마스다르가 지향하고 있는 미래상에는 그린 이코노미가 가득하다.

　이를테면 아부다비 마스다르 구축으로 세계인을 아부다비로 끌어모으는 단초로서 마스다르가 있을 것이고 마스다르를 윈도로 삼아 신재생에너지기업을 등에 업고 큰 비즈니스 모델을 창출하는 등 여러 가지 발전로드맵을 생각할 수 있다. 그것도 어렵지 않게 말이다.

　특히 도시국가 아부다비에서는 거의 모든 발전을 천연가스를 원료로 하고 있다. 따라서 CO_2 방출은 항상 풀어야 할 과제다.

　대기오염국가 리스트에 항상 등재된 불명예를 지우고 동시에 수익구조가 되는 것을 찾았던 마스다르에게 탄소배출권 비즈니스는 발전로드맵에서 체크리스트 이상의 가치를 지닌다.

　이를 패러디해 보면 자연스럽게 그린 이코노미(녹색 경제)와 그린 뉴딜(녹색혁명), 그리고 그린 잡(녹색 일자리 창출) 등 신재생에너지 세계가 기대한 그린 마켓의 진수를 맛보는 기회로 이어질 수 있다.

인류 최대 히트작 탄소배출권(CER)

단 하나뿐인 지구를 갈수록 오염시키고 있는 주범인 CO_2를 줄이는 방법은 뭘까. 줄이는 제도는 없을까. 줄이는 기술은 없을까. 줄이는 마켓은 과연 없을까.

앞의 네 가지 의문에서 지구를 오염시키는 CO_2를 효과적으로 감소시킬 방법인 '탄소배출권'으로 전 세계가 주목하고 있다.

폴리실리콘의 치킨게임 이상의 주목을 받고 있는 탄소배출권은 인류 최대 히트작이기 때문이다.

탄수배출권의 탄생 배경은 한마디로 지구를 오염시키는 주범자에게 그 비용을 물리겠다는 논리에서 출발했다.

쉽게 말해 자동차 메이커들은 자동차를 팔아 부를 축적한다. 하지만 그 자동차가 내뿜는 매연으로 모든 지구인의 공동재인 공기가 더러워져도 자동차 메이커는 아무런 대가를 치르지 않는 현재의 불합리를 타파하자는 것이 최근의 국제적 합의다. 1995년 발효된 교토의정서의 기본 메시지다.

이제는 정해진 기간 내에 CO_2를 줄이지 못한 각국 기업이 배출량에 여유가 있거나 산림을 조성한 사업체에게서 돈을 주고 권리를 사야 한다.

돈이 거래되는 곳에는 마켓이 들어서게 된다. 만고진리다. 그 많은 공기에 대한 거래제도가 생겨났고 그만큼 돈의 규모나 범위는 우리의 상상을 초월하게끔 많고 넓다.

돈의 냄새를 잘 맡는 글로벌 금융공학이 이를 외면하기는 어렵지 않음에도 상상이 크게 간다. 금융공장 차원에서 보아도 CO_2는 돈이고 마켓이 되는 것에 변함이 없을 터다.

그래서 처음부터 재빨리 교토의정서에 올인한 일본에서는 탄소배출권 시장을 '공기 시장'이라고 표현하면서 토까지 이렇게 단다.

"탄소배출권 시장은 인류가 발명한 단일 상품으로는 사상 최대의 히트상품이 될 것이다"라면서 말이다.

CO_2를 사고파는 것은 결국 공기를 거래를 하는 것과 다름이 없다는 데 주목한 결과일 수 있다.

어찌 보면 황당하기 짝이 없는 이런 마켓이 실제로 유럽에서 목하 성업 중이다.

그 목적은 마켓 메커니즘을 통해 오염 물질을 정부나 기업이 스스로 줄이게 만든 것이다.

이게 지금은 전 세계적인 돈벌이에다 국제적 이슈화로 번지고 있다.

2010년에는 1,500억 달러 시장으로 확대

2006년 세계 탄소시장 규모는 300억 달러였다. 이게 오는 2010년에는 그 5배인 1,500억 달러에 달할 것으로 보고 있다.

이제는 신재생에너지산업을 둘러싸고 있는 그린 테크놀로지(GT)만큼 새로운 마켓 출현과 대응에서 국가경쟁력을 높이는 기회 확보도 돈이 되는 세상이 왔다. 빅 이슈가 되는 세상에서 우리가 살고 있다. 그린 마켓을 통한 참여의 공존에 목을 매야 할 시대가 오고 있다.

탄소배출권시장이 커지면서 세계 각국의 대응책이 긴박하게 돌아가고 있다. 최근 가장 역동적인 모습을 보이고 있는 국가는 미국이다.

오바마 미국 행정부는 '뉴 아포로 프로젝트'를 수립해 본격화되고 있는 탄소배출권 시대를 대비하고 있다. 이를 통해 경제위기와 일자리 창출에 올인하려는 모습이 역력하다.

일본은 2008년 발표한 '후쿠다 비전'에서 2050년까지 CO_2 배출량 목표를 2005년 대비 60~80%로 설정해 놓고 있다. 태양광과 연료전지를 집중 육성해 탄소배출을 줄이겠다는 복안이 엿보인다.

그린 테크놀로지를 확보한 EU는 강력한 환경규제를 통해 비관세 무역장벽을 구축하고 있다. 유럽의회는 2007년 자동차의 CO_2 배출량 규제를 강화한 것에 그치지 않고 항공기 배출권 거래제도도 도입했다.

한국도 최근 '녹색성장기본법'을 제정해서 국내 일선 업체에서 내뿜는 굴뚝 연기를 강제로 막아 보겠다는 의지를 법률로 정하기 시작했다.

배출할 수 있는 권리

미국 앨 고어(Al Gore)는 CO_2 감축을 위한 배출권 거래를 옹호해 활동한 공로를 인정받아 2007년 10월 12일 노벨평화상을 받았다.

배출권시장은 전력회사와 정유회사, 대형 공장에 이산화탄소 배출한도를 부여하는 한편 이 한도를 넘겨 배출하려면 한도를 남긴 회사의 배출권을 사야만 되는 제도이다.

전임 미국 부시 대통령은 CO_2를 엄격하게 제한한 것은 미국 기업에 지나친 부담이 될 수 있다고 판단해 교토의정서에 가입하지 않았다. 때문에 세계 배출권 거래시장에서는 유럽에게 뒤떨어졌다.

그 결과 런던이 전 세계 CO_2 배출권 거래시장의 수도(首都) 역할을 하게 되었다. 결국 EU는 교토의정서에서 합의한 대로 2005년 1월 1일 CO_2 단일시장을 만들게 되었다.

유럽 7개국에서 탄소배출권시장 열리다

전 세계 탄소배출권(CER) 거래시장에서 가운데 가장 앞선 곳은 영국 런던이다. 런던의 기후거래소는 EU 내 탄소시장 점유율의 90%를 차지하고 있다. 파리를 비롯하여 라이프치히와 암스테르담 등 7개 도시에서 이 시장에 참여하고 있다. 2007년을 기준으로 거래량은 연간 10억 톤에 달한다.

미국에서는 2003년부터 시카고기후거래소가 운영되고 있다. 2008년에 이르러 뉴욕상품거래소에 환경거래소가 개소했다.

인도 파생상품거래소 역시 2008년 1월 아시아 최초로 배출권 감축량의 선물시장을 설립했다.

중국도 2008년 10월 시카고기후거래소와 합작으로 텐진기후거래소를 개설했다.

세계는 뛰는데 한국은 걸음마 수준

한국탄소시장은 아직 걸음마 수준이다. 한국은 교토의정서에 포함된 의무감축국가가 아니기 때문에 아직까지 할당량을 기반으로 한 배출권 거래시장은 형성되어 있지 않다.

앞으로 설립될 탄소거래시장을 놓고 한국거래소와 전력거래소가 힘겨루기를 하고 있다.

정부는 녹색성장기본법에 따라 탄소관련 주무부처를 정하고 국내 기업이 내뿜는 굴뚝연기를 막는 구체적인 가이드라인을 정할 계획이다.

하지만 한국은 청정개발체제(CDM) 사업을 통한 탄소배출권거래(CER)는 오는 12월 코펜하겐에서 열리는 포스트 교토체제 수립회의 과정에서 그 윤곽이 들어날 것이 확실시된다.

여기서 분명한 것은 제로카본시티 아부다비 마스다르가 지향하는 것은 탄소배출권 거래시장에서 강자의 위치확보보다는 CO_2 배출국이라는 불명예를 졸업하는 일이다.

왜냐하면 이미 이 시장의 판도가 '현재는 중국, 미래는 미국' 일 것이고 아부다비는 그 사이에서 단 하나뿐인 지구를 살리는 데 동반의 실천자로서 설 수밖에 없는 태생적 한계를 지녔다.

대신 욕심을 낸다면 그린 이코노미가 요구하는 수준에서 그린 뉴딜을 믿고 투자에 투자를 더해서 그린 잡을 창출하는 일에 앞장서는 일에다 큰 무게를 둘 것 같다.

그린 마켓이 요구하는 이 세 가지 과제를 먼저 읽고 있는 마스다르가 이를 구체화하고 있다는 데 그저 놀라울 따름이다.

5. 아부다비 마스다르 발신 · 하노버 답신

모든 시장은 돈이 되어야 움직인다. 시장작동 원리가 그렇게 짜여 있다. 이를 어려운 영어로 포장한다면 '마켓 메커니즘'이 그렇게 요구하고 있기 때문일 것이다.

세계 최초의 그린 견본도시가 되기 위해서는 무엇에 우선하여 선투자 후과실의 공식을 준수하는 단계가 필수다.

세계에서 가장 많은 그린 테크놀로지 정보를 모으고 있는 마스다르에게서 그린 마켓은, 곧 미래에 열리는 큰 시장에서 강자가 되는 일이다.

오매불망(寤寐不忘) 염연하고 기도하는 그들이라고 해도 틀린 진단은 아니게끔 아부다비 마스다르는 그린 마켓을 너무나 잘 알고 있다. 마스다르 구축을 책임지고 있는 아부다비 미래에너지(ADFEC) 회장과 CEO 두 톱의 생각이 그렇다.

또한 아부다비 마스다르가 제시하고 있는 로드맵에서 그린 마켓을 여러 차례 강조한 것이 그렇다는 얘기다.

이를 달리 표현하면 2009년 버전의 '아부다비 마스다르 발신(發信)'으로 볼 수 있다. 그래도 이것은 평면적이다. 현재 공사가 진행 중이기 때문에 암시적 내용으로 구분된다.

하지만 2009년 4월 18~23일에 개최된 독일 하노버박람회 답신은 너무나 입체적이고 너무나 구체적 내용으로 마스다르의 답신이 된다.

그린 테크놀로지보다 이제는 시장에 더 많은 관심과 노력을 보태라는 메시지에도 부합된다.

하노버 산업박람회의 답신

독일 북부 소도시 하노버는 수준 높은 과학기술과 아름다운 공원 지대, 그리고 19세기 말에 설립된 웅장한 시청사로 유명하다.

더 유명세를 타고 있는 것은 매년 세계 최대 산업박람회의 개최지 이기 때문이다. 2009년 4월 개최된 하노버박람회는 61개국의 6,150 개 기업이 참가하였다. 관람객만도 21만 명에 이르는 정도로 대성황을 이루었는데 이 중 유럽 외에서 온 방문자가 40%를 차지했다. 세계 최첨단 기계산업 기술이 소개되는 산업올림픽이자 글로벌 마케팅 장소였다.

세계적인 글로벌 금융위기 와중에 개최된 하노버박람회가 던진 화두는 크게 두 가지로 요약된다.

하나는 위기는 기회이며 낙관적인 사고(思考)는 기업가의 의무라는 좀 철학적인 메시지를 담고 있다.

둘은 기술혁신을 통해 그린 뉴딜의 미래를 착실하게 준비해 나가야 한다는 점이다. 이 두 가지 지향점은 그린 코리아를 준비하는 우리와 일치하고 있다.

신재생에너지에 2억 달러 투자

이러한 화두는 5월의 국내 신문매체를 도배한 기사이기 때문에 신선미에 조금 맛이 갔다고 해도 내용은 더욱 알차다.

하노버박람회를 통해 세계적인 신재생에너지기업들이 대거 한국에 상륙할 것이라는 보도가 줄을 이었다.

예를 들면 세계 최대의 풍력업체인 덴마크의 베스타스는 2007년에 이어 베스타스코리아를 통해 타워생산설비로 5,000만 달러를 투자한다. 태양광 모듈업체인 오스트리아 SSF는 모듈 제조기술과 연구개발비 등으로 1억 2,000만 달러 한국 투자를 발표했다.

독일 솔베이는 2,000만 달러를 들여 리튬이온 2차전지용 첨가제 제조기술 업체를 울산에 건설한다.

한국 정부는 이번 MOU 체결로 풍력발전과 태양광발전, 그리고 차세대전지 관련 부품 수입대체 효과와 첨단기술 이전 효과까지 기대하고 있다.

이러한 범정부 차원의 지원과 정책적 일관성이 결합되면 신재생에너지산업에 필요한 테크놀로지는 여기에 그치지 않고 이어질 전망이다. 그린 코리아의 미래상이 그들에게 각인된 결과일 것이다.

따라서 우리는 좁은 국내시장에 만족하거나 자축하기보다는 그들과의 좋은 의미의 윈윈 전략을 바탕에 깔고 글로벌 마켓에서 승자가 되는 길을 향해 매진하는 모습을 보이는 일이 과제로 남는다.

주한 독일대사의 덕담

노르베르트 바스 주한 독일대사는 〈매경춘추〉를 통해 하노버박람회 답신을 이렇게 전했다. 그린 테크놀로지 다음으로 글로벌 마켓에서 승자가 되기 위해 한국과 독일이 윈윈 전략을 구축하는 일을 주문하고서 전하는 덕담이라 더 의미가 깊다.

> "박람회 현장 분위기와 언론의 반응은 뜨거웠다. 언제나 감탄의 시선을 자아낸 한국의 역량을 21만 명에 달하는 방문객들은 실제로 경험할 수 있었다. 한국과 독일 간의 비즈니스는 항상 그렇듯이 이번 박람회 기간 중에도 순조롭게 진행되었다."

필자는 이번 5장에서는 그린 테크놀로지보다는 마케팅 관점에서 시장의 선점(先占)을 조명했다. 최우선적으로 좁은 국내가 아닌 넓은 글로벌 마켓에서 승자가 되기 위해서는 기술 수출만큼, 아니 그 이상으로 그린 마켓의 지배력을 키우면 좋겠다는 내용이 주된 논리다.

신재생에너지산업은 이미 치킨게임을 예고하고 있기 때문에 노파심 반 진담 반으로 이를 메시지로 패러디해 읊조렸다.

거의 모든 매체들이 하노버박람회 답신처럼 방문객의 뜨거운 분위기 다음에 풀어 나가야 할 과제로서 글로벌 마켓을 염두에 두라는 점에서 배울 바 적지 않기 때문일 수 있다.

Chapter 6

What is CO$_2$ Business?

CHALLENGE of GREEN MASDAR

57억 지구촌 소비자에게 이산화탄소 감축은 절대질명의 과제로 대두되고 있다. 이를 위해 그린의 행복한 결혼과 만남은 필수에 가깝다. 이를 여섯 가지 차원에서 접근하여 지구온난화 방지와 기후변화 대응을 살펴볼 수 있다.

1. 그린＋금융, 그 아름다운 결혼

미국 1,500억 달러, 영국 1,000억 파운드, 일본 100억 엔.

전 세계 주요 국가들이 60여 년 만에 겪고 있는 최악의 국제경제 침체를 벗어나기 위해 그린(green)에 쏟아붓는 돈의 액수다. 정확하게 말하자면 그린 경제에 투입하는 예산 규모이다.

그린 이코노미로 환경도 지키고 경제도 구하는 일거양득(一擧兩得)의 효과를 얻어 낼 수 있다는 정책적 발상에서 비롯된다.

이런 천문학적인 예산을 투자하여 얻어 내려는 결과물은 이미 정해져 있다. 단 하나뿐인 지구를 구하고 건강하게 보존해서 우리 후손에게 물려주자는 것에 지구촌 소비자는 이미 공감한 터다.

여러 차례 얘기한 그대로 마스다르의 지향점과 존재가치, 그리고 미래상은 그린 이코노미 측면을 들여다보아야만 그 실체의 조망이 가능하다.

하지만 세계 최초의 제로카본시티 아부다비 마스다르를 구축하기 위해서는 2016년 완공하기까지 최우선적으로 구축비용(공사비용)이 필요하게 된다. 모두 220억 달러로 우리 돈으로는 27조 5,000억 원이 소요된다.

아부다비는 왜 이만한 거금을 마스다르에 투자하는 것일까. 투자해서 얻어 내는 알파는 과연 무엇일까. 그렇게 투자할 만한 가치가 있을까.

세 가지 물음에 대한 모범답안은 아직 없다. 만약 있다면 마스다르가 스스로 성공신화라든가 성공사례를 만들어 모범답안을 전 세계에 보이는 일에서 존재가치를 얻어 내는 일일 것이다.

하지만 그런에는 많은 돈이 먼저 투자되어야 한다. 그래서 환경문제는 비용으로 생각하는 기업들의 대부분 시각이었다. 이게 글로벌 금융위기를 겪는 과정에서 규모의 경제가 되는 신재생에너지산업의 미래를 보게 된 것이다. 일거양득 효과답게 그린 잡을 창출할 수 있다는 점까지 덤으로 얻어 냈다.

미국 1,500억 달러를 비롯하여 영국 1,000억 파운드 등의 예산투자에 의해서 말이다. 문제는 돈이다.

정부든 기업이든 글로벌 소비자든 그린의 극대화는 선투자 개념으로 거액의 돈이 선투자되어야만 소정의 결과를 얻어 낸다는 점을 잘 알고 있다. 금융 없이는 그린 뉴딜이 없다는 점에서도 공감하기 시작했다. 그린에 금융이라는 옷을 입혀야 하는 대명제가 그린 이코노미의 현주소가 되었다. 이것이 바로 글로벌 그린 이코노미(世界炭素經濟)에 대한 모범답안이 될 수 있다.

기후변화라는 금융의 옷으로 갈아입고

과거 금융계는 스스로를 환경과는 전혀 관계가 없는 존재라고 생각해 왔다. 그러나 금융공학이 저무는 자리에서 세계경제의 실체를 보게 되었다.

국제적인 금융기관들이 적극적으로 환경문제에 개입하는 것이 당연한 책임으로 간주되고 있다. 그린 이코노미만이 '우리가 사는 바른 길이다'라고 전제(?)해 앞에 머리를 숙이고 있다.

탄소배출권거래 하나만 예를 들어 보아도 돈맛을 귀신처럼 잘 아는 그들답게 자존심과 화이트컬러의 상징인 넥타이를 풀고 그린 이코노미에 집착하고 있다.

최근 57조 달러를 굴리는 세계 370여 개 기관투자들이 2,400개 이상의 기업들에게 온실가스배출량 공개(carbon disclosure project)를 요구했다. 온실가스 정보를 투자의 판단기준으로 활용하겠다는 것이다.

세계 금융가가 기후변화에 선제적으로 대응하는 기업은 갈수록 강화되는 온실가스 규제에 준비된 기업이라는 점에 동의한 몸짓이다.

이런 기업만이 투자 리스크가 적고 위기관리 능력이 뛰어나다는 통계와 정보를 가지면서부터 투자의 잣대가 되었다.

이러한 금융기관의 변화는 파이낸싱 금융에서도 나타났다. 세계은행의 자매기관인 국제금융공사(IFC)는 연간 10만 톤 이상의 CO_2를 배출하는 프로젝트 사업자에 대해 정확한 온실가스 배출량 산정을 요구하기 시작했다.

그린 가이드라인에 접촉되는 1,000만 달러 이상의 프로젝트는 돈을 빌려 주지 않겠다는 자발적 행동원칙인 적도원칙(the equator principles)을 공포하기에 이른다.

금융기관이 고수익을 포기한다는 것 자체가 놀라운 변화이고 결정이다. 그린 가이드라인 설정에 무게를 두는 것이 국제 금융의 일반화되는 추세다.

자신들이 자금을 제공한 프로젝트가 사회적 문제를 일으킨다면 은행도 궁지에 몰릴 수 있어 위험방지 차원에서 뜻을 모은 것이라고 본다.

그린금융상품 러시

유럽연합(EU) 국가들은 이미 오래전부터 그린금융을 발전시켜 오고 있다. 그동안 머뭇거리던 미국도 오바마 행정부가 등장하면서부터 그린 금융에 대한 인식과 자세가 획기적으로 달라지고 있다.

유엔환경 프로그램을 비롯하여 세계은행의 세계자연보호포럼과 OECD 등 국제기구 역시 그린금융에 비상한 관심을 가지기 시작했다.

선진국으로부터 기후변화 후진국으로 차별받고 있는 중국마저 2007년부터 환경당국과 금융당국 공조 아래 녹색금융제도의 정착에 발을 벗고 나서고 있다.

국제환경질서인 포스트 교토의정서가 발효되면 탄소배출권거래와 같은 더 많은 그린금융상품이 러시를 이루게 된다.

배출권거래제도와 의정서 공동이행세도, 그리고 청정개발체제

(CDM) 등이 도입되면 그린금융상품은 러시가 아니라 홍수가 될 것이 예상된 세상에서 우리는 살고 있다.

녹색금융 심포지엄의 제안

신재생에너지산업을 아우르는 녹색산업은 초기 성장단계인 만큼 사업위험이 많고 크다. 리스크가 큰 부담이 되고 있다.

따라서 초기에 투자를 유도할 수 있는 금융의 지원사격 없이는 성공확률은 기대난이 된다. 금융지원을 배제하고 그린 마켓의 성립은 희망사항일 뿐이다.

2009년 4월 금융투자협회와 한국재무학회가 주관한 '녹색금융 심포지엄'에서 이 문제에 대한 전문가의 의견 개진은 그린과 금융의 행복한 결혼이 어떤 것이고 어떤 것에서 행복한 부부가 될 수 있을 것에 대한 논의의 자리가 되었다.

심포지엄에서 주제 발표자는 녹색산업을 지원하는 녹색금융의 역할을 크게 두 가지라고 정의했다.

하나는 새로운 산업을 양성하는 인큐베이터 역할과 환경관련시장을 새롭게 창출하는 것이다.

다른 하나는 지금과 같은 정부 주도로 이루어지고 있는 녹색성장산업 육성이 본격화되기 위해서 금융업계와의 긴밀한 협력관계를 보다 강화시키는 일이다.

최근 한국선박업계와 한국해운업계가 어려움을 겪자 정부가 나서 선박펀드를 조성한 사례처럼 정부와 금융이 함께 그린 마켓에 대해 고민하고 협력하는 자세를 보이는 일로 간주해 녹색펀드의 출시는 정책적 주요과제로 파악하고 있음을 알 수 있다.

조성된 녹색펀드를 이용해 신재생에너지산업의 발전을 한 단계 높이는 취지로 해외 기업인수합병(M&A)에 적극 나선 것이 포함되었다. 이를 가능하게 만들 수준의 녹색펀드를 생각하고 있는 것이다.

이를 위해서는 적당한 투자처를 찾지 못하고 방황하는 뭉칫돈의 흡수를 고려할 만하다. 811조 원에 달하는 시중의 부동자금을 신재생에너지산업으로 끌어들이는 것에서 정책방향을 설정해야 한다는 목소리가 많다.

1차적으로 뭉칫돈이 신재생에너지산업으로 흐르게 도관효과(conduit effect)를 높이는 일이다. 차선으로는 관련업계 역시 덴마크의 베스타스라든가 중국의 신킹처럼 성공신화를 만들어 내야 한다.

2차적으로는 석유가격이 천정부지로 오를 때마다 매번 반복의 에너지대책을 발표하는 수준에서 벗어난 글로벌 그린 마켓에 통하는

그린 기업과 그린 정책을 이번에는 제시해야 하는 과제부터 챙겨야
할 것이다.

마스다르의 행복한 결혼

예외 없이 글로벌 금융위기를 함께 겪은 아부다비는 국부펀드
(SWF: Sovereign Wealth Fund)를 아부다비투자청(ABIA)에서 운
용하게 했다.

하지만 위탁운용으로 적잖은 리스크를 당한 이후 아부다비는 자체
시스템으로 펀드 운용의 물꼬를 트고 있다.

모든 자료에 대한 투명성이 뒤떨어진 아랍금융의 관행이라 정확한
통계자료 제시가 어렵다.

최근 푸야드 사카루 아랍연합은행 사무총장이 밝힌 내용에 따르면
세계 금융위기로 아랍은행들의 손실금이 20억 달러에 달한다고 전
했다.

이를 미루어 보아도 금융리스크와 금융운용에 대한 변화는 감지된
다. 분명한 것은 아부다비투자청은 세계 최대의 국부펀드 운용 도시
국가다.

고유가 지속으로 쌓아 둔 오일머니에 힘입은 결과다. 이를 위탁에
서 자체 운용으로 바꾸면서 마스다르 구축은 상대적으로 공사비에
서 자유로움이 제공될 확률이 한결 높거나 쉽게 되는 행운을 맞게
되었다.

각종 그린 펀드 조성에 나선 것과 비축된 펀드 운용과는 차이가

많다. 돈의 운용과 규제에서 자유스러움이 상대적으로 많다는 점이다. 그래서 마스다르 그린과 금융은 이미 예정된 행복한 결혼의 본보기가 되고 있다.

자제에 요란한 구호라든가 정책적 목소리를 높인다든가 하는 공허한 발상으로는 신재생에너지산업의 부흥은 요원하다.

주어진 악조건을 극복하고 주어진 국부펀드에 의한 그린 미래상을 제시하고 있는 아부다비 마스다르가 여기에서 우리 모두에게 교훈을 준다.

2. 그린+IT, 그 아름다운 만남

글로벌 그린 마켓에서의 기술세계는 빠르게 변화하고 있다. 급변의 기술 진화를 이루고 있다. 어제의 신기술이 오늘에 이르러서는 쓰레기통에 던져지는 경우가 허다하다.

초속경제의 힘은 기술적 뒷받침에 의해 발전에 발전을 거듭하는 일도 비일비재(非一非再)하다.

세계적인 신재생에너지기업들은 최근 들어 기술우위에 안주하지 않고 '저탄소 녹색성장'을 내걸고 있는 이명박 정부의 그린 정책을 지켜보고 있다.

따라서 선진국 미국이나 유럽의 시각에서 보면 변방(邊方)에서 벗어난 그린 코리아에게 기술제휴를 자청하고 나선 그 배경에는 IT강국 한국호의 실력에 의한 점이 많다.

원자재와 기술에서 취약하지만 그린 테크놀로지를 형성하는 시스템 공학에는 세계인이 인정하고 있다.

한국 IT에 대한 기대와 정부의 친환경적 정책이 결합되는 과정들이 전 세계에 보도되면서부터 한국 그린 마켓을 바라보는 시각에 변화를 보였다.

지금은 비록 그린 테크놀로지에서 하수인 처지이자 한국의 그린 기술 수준이라고 자평해도 세계적인 선박수출국가의 이미지와 휴대폰 역사를 거듭 새로 쓰고 있는 한국의 정보통신기술을 지켜본 그들에게는 믿는 구석이 되었다.

지금과 같이 한국 그린 기술에서 하수라는 평가를 받아도 기술적 발전은 이제 시간이 해결할 수 있다는 믿음이 도사리고 있다. 하면 된다는 한국인만의 자신감에서 비롯된 자긍심을 우리는 잘 알고 있고 또 그렇게 믿고 있다.

모든 산업이 단종기술로 발전하기보다는 컨버전스(融合)되는 추세이기 때문에 신재생에너지산업의 미래는 누가 먼저, 누가 보다 빨리 상용화하느가에 점수를 준다.

다행스럽게도 축복을 받게끔 IT강국의 이미지는 그래서 기대를 걸게 한다. 그린과 IT와의 만남이야말로 신재생에너지산업에서 한국의 미래상에 청신호로 작용함이 곧 CO_2 비즈니스에도 통용되게 되어 있다.

스마트그리드 시스템 가동

그린과 IT와의 접목은 두 손을 펴서 세워 보아도 부족하다. 거의 모든 시스템이 소프트웨어에 의해서 작동하기 때문에 별다른 특징

소개는 무의미하다.

하드웨어(H/W)와 소프트웨어(S/W)의 결합은 대세이다. 너무나 익숙한 만남이어서 그 메커니즘을 이해하는 것이 번거로울 따름이다.

하지만 그런 마켓에서 소비자가 전력사용에 대한 에너지 감축을 일반화시킨 IT가 이들의 만남에 다른 의미를 주고 있다.

주인공은 스마트그리드 시스템(지능형 전력망: Smart Grid System)이다. 기존의 전력망과 지능형 전력망의 차이는 통제방식에서 아날로그와 디지털로 발전시켰고 전력공급 방식도 다르다.

스마트그리드 시스템에서 독보적인 기술을 보유한 회사는 미국 콜로라도 주 볼터 시에 소재한 텐트릴(Tendril)이다.

팀 엔웰과 아드리안 턱은 지난 4년간 2,000만 달러를 투자해서 스마트그리드 시스템을 상용화시켰다.

가장 대표적인 서비스는 전력 소비자가 전력소비의 인터넷 포털 텐드빌 빈티지(Vantage)를 이용하는 것으로 시작된다.

전력 소비자가 인터넷을 통해 로그인하면 가정의 전력사용에 대한 모든 정보를 실시간으로 얻을 수 있게 한다.

예를 들면 현재 어느 제품이 얼마의 전기를 쓴다든가 주변의 다른 집들이 얼마 정도의 전기를 사용하는 것도 알려 준다. 서로의 '에너지 절약경쟁의식'을 제시해서 현실화시키는 데 기술적 발전을 보탠 결과다.

또한 '100달러'라는 식으로 스스로 전기요금을 책정하면 빈티지 시스템은 알아서 전력소비를 줄여 주는 역할까지 수행한다.

텍사스 주의 전력회사 릴라이언트가 처음 채택해서 300여 가구에 시험가동중이다. 전문가들은 스마트그리드 시스템을 통해 최대 40% 까지 에너지 소비를 줄일 수 있는 것으로 분석하고 있다.

텐드릴은 2008년 한 해 동안 매출 100만 달러를 기록했고 오는 2011년에는 1억 달러를 바라보고 있다.

3년이 흐르면 매출액에서 0의 숫자가 두 개 단위로 뛰는 실력을 기대한다고 하니 그린과 IT와의 만남은 좋은 의미의 만남이 된다.

그린에서 만난 IT와 소프트웨어의 동행

텐드릴의 경우는 협의(俠義)의 그린 마켓에서 IT와의 기술적 개가라면 광의(廣義)의 IT는 그 무대가 광활하다.

가장 많은 CO_2를 배출하는 자동차를 비롯하여 조선과 건설, 의료와 기존 산업 등을 아우르고 있다.

모든 산업이 IT와의 융합에 실패하면 자체 성장 동력마저도 상실될지도 모른다는 것은 빈말이 아니게 되었다.

IT는 그린 마켓에서 절대적 위치확보에다 한국의 핵심경쟁력으로 자리매김하고 있다.

예컨대 IT는 두 가지 형태가 복합적으로 이루어져 있다. 첫째는 제조업 특성을 강하게 띤 반도체와 LED 등이 포함된 IT하드웨어 분야로 투자대비 고용효과가 적다.

둘째는 IT서비스산업이다. 지금까지 인터넷발전과 함께 큰 성장을 이루었다.

따라서 녹색성장을 기대하기 위해서라도 그린과 IT와의 만남은 충분조건 이전에 필수조건이 되게끔 그 만남에서 의미를 찾는 일이 중요해진다.

한국 정부는 2009년 5월 그린에 IT을 입히는 로드맵을 발표했다. '그린 IT'를 국가성장동력으로 육성하고 녹색기술 수준을 오는 2020년까지 선진국의 90%까지 끌어올리는 작업에 돌입했다. 2013년까지 12조 원을 투자해 53만 명의 고용을 창출하기로 했다.

마스다르도 자동차 대산 '개인용 운송수단(PRT)' 이라는 이름의 캡슐이 등장하게 된다. 멀리 갈 것 없이 그린과 IT가 접목되는 역사적 사건이 지금부터 우리를 설레게 한다.

3. 그린＋석유 슈퍼 메이저,
그 아름다운 비상(飛翔)

기후변화와 석유는 마냥 적대적 관계일까. 마냥 너 죽고 나만 사는 길로 가는 걸까. 그것도 아니라면 상생관계의 설정은 없을까.

CO_2 비즈니스의 미래상을 대입해 보면 '마냥'은 '이제'로서 일말의 희망과 기대는 여위가 배어나고 있다.

결론부터 얘기하자면 석유 메이저들은 글로벌 그린 마켓에 생존하기 위해 변신을 도모하면서 기후변화에 대응하는 모습이 예전과 다름을 보였기 때문에 그렇다. 이들의 그린을 업고 그다음의 비상(飛翔)을 꿈꾸는 모습이 아름답기까지 한다.

하긴 석유 슈퍼 메이저들은 지구온난화 책임을 따질 때 자유스럽지 못하다. 그들은 황량한 사막이든 깊은 바다든 어디든지 달려가 원유를 채굴하는 데 열심을 보였고 동시에 글로벌 소비자로 하여금 석유를 아낌없이 소비하도록 유혹했다.

특히 엑손모빌은 최근까지 엄청난 돈을 쏟아부으며 일부 과학자의 입을 통해 "화석연료로 인한 지구온난화의 증거는 없다"라는 주장을 펴서 기후변화 노력에 찬물을 끼얹기도 했다.

BP 그린 러브송의 백미는 '카슨 프로젝트'

그러나 예외는 있다. 바로 BP다. 우리가 익히 알고 있던 석유 메이저다. 이른바 '7자매(Seven Sisters)'는 합종연횡을 거쳐 이제는 세계 석유업계 기린아 5개사가 '슈퍼 메이저'로 재편되어 BP는 그 가운데 하나다.

영국계 셸과 함께 약진하고 있는 BP는 친환경적인 '그린 경영(Green Management)'을 대표하는 기업으로 꼽히고 있다. 일찍이 그린을 등에 업고서 비상하고 있다는 얘기와 같다.

석유를 팔아 사세를 확장하는 데 앞장선 석유 슈퍼메이저들이 아이로니컬하게도 신재생에너지 분야에서 앞서가는 업종이 정유업계이다.

이미 제1·2차 오일쇼크를 겪으면서 신재생에너지(당시로는 대체에너지) 분야에 눈을 뜨기 시작했다.

이 분야에서 가장 대표적인 기업인 BP의 비상에 주목이 간다. 최근 BP가 신재생에너지 추진전략에서 보여 준 시사점은 그린과의 슈퍼 메이저 비상을 읽기에 충분했다.

첫째, CO_2 축소를 사업 확장의 기회로 적극 활용했다는 점이다. 2000년 BP는 회사 로고부터 바꾸었다. 초록색 방패 모양 위에 노란색 글자로 'BP' 라고 레터링을 했던 것을 대신 노란색과 녹색햇살을 뿜어내는 태양 모양으로 변형을 시도했다.

태양으로 상징되는 친환경적 기업 이미지를 살려내고 싶다는 의지의 표현일 수 있다. 동시에 기업 캐치프레이즈마저도 '석유를 넘어(Beyond Petroleum)'으로 재정립했다.

둘째, 신재생에너지 가운데 수익이 보장된 아이템에서 태양광과 풍력, 바이오연료와 청정석탄 등으로 그린 시장을 넓혀 가고 있다.

BP는 태양광사업의 인도 진출을 위해 타타(Tata)사와 제휴관계를 형성시켰다. 오리온에너지와 그린라이트에너지 등 신재생에너지 등을 인수해 풍력사업 확장을 꾀하기도 했다.

셋째, 신재생에너지 중장기 포트폴리오 구축을 위해 오픈 이노베이션(open innovation)을 적극 활용하고 있다는 점이다.

BP는 2008년 1월 에너지바이오사이언스연구원을 개설하고 UC 버클리대학과 공동으로 바이오연료 개발에 투자를 계속적으로 이어가고 있다.

투자액만도 향후 10년 동안 5,000억 달러를 들여서 말이다.

넷째, BP는 자사의 강점을 적극 활용한다는 점이다. BP가 미국 풍력업체들을 인수하면서 1만 5,000MW 규모의 초대형 풍력기지 건설을 발표한 배경에는 그들이 소유한 미국의 광활한 토지가 없었다면 불가능한 일이다.

다섯째, BP는 태양광발전 분야에서도 30년 전부터 태양열 패널(Solar Panel) 개발에 앞장섰다. 마스다르가 가장 필요로 하는 패널이기도 하다.

최근 BP는 이 분야에서 효율을 6~8% 높인 신제품 개발을 완성시킨 개가마저 올렸다.

마지막 여섯째, BP가 가장 자랑하는 그린 테크놀로지라면 온실가스 매장기법을 꼽을 수 있다.

예를 들면 석탄을 태울 때 나오는 CO_2를 걸러낸 다음 땅속에 파묻는 기술이다.

현재 BP가 미국 캘리포니아에서 진행 중인 '카슨 프로젝트'는 연간 400만 톤의 CO_2를 파이프라인으로 옮겨 수백m 지하의 유전 속에 매장하는 것을 연구하고 있다.

이곳 지하 유전에서 원유를 빼내고 남은 빈 공간이 생기는 것을 착안해서 CO_2를 영구히 저장할 수 있다는 판단에 따라 이 연구를 진행시키고 있다.

근대 석유산업 발전사

아부다비 마스다르의 진가(眞假)를 알거나 파악하기 위해서는 여러 가지 자료의 섭렵이 전제된다. 특히 근대 석유산업 발전사는 그 진가만큼 역사성을 읽기에 충분할 수 있다.

근대 석유산업의 설립은 1859년 미국 펜실바니아 주 오일 크리크에서 철도 승무원 드레이크가 암반 아래 21m까지 굴착하여 하루 30배럴(1배럴은 159리터)의 원유 생산에 성공한 것으로 비롯된다.

이곳에서 생산되는 석유는 배럴당 20달러씩 팔려 나가고 바다 건너 유럽까지 수출되었다.

드레이크의 성공을 계기로 석유에 대한 관심이 증폭되면서 급속하게 확산일로를 걷게 된다.

그러나 오일러시에 따른 생산과잉으로 가격폭락을 가져와 많은 석유개발사들이 파산하고 드레이크 역시 실업자가 되고 만다.

이 시대를 배경으로 록펠러라는 석유업계 거목이 등장한다. 그는 당시 열병처럼 번지던 석유 발견에 휩싸이는 대신 미래를 조망했다.

석유 발견은 일확천금이 가능하지만 유가급등이 심하고 발견에 실패할 확률도 많아 안정적인 사업이 될 수 없다고 판단했다.

대신 록펠러는 정유업으로 석유산업을 지배할 수 있다고 믿었다. 정유업은 석유의 생산과 판매를 연결해 주는 중간 위치자로서 모두에게 영향력을 미칠 수 있다는 판단의 근거를 생각해 낸 것이다.

1870년 록펠러는 클리블랜드에 오하이오 스탠더드석유회사를 설립해 성공을 거두자 영국에서도 미투(me too)가 이어지면서 BP 같은 슈퍼메이저 시대를 구가하게 되어 오늘에 이르렀다.

다시 결론을 내자면 그린과 슈퍼메이저의 결합은 결국 그다음의 비상(飛翔)에 의해 단 하나뿐인 지구가 건강하게 부활하는 데 한몫을 할 것이 예단된다.

4. 그린+관광, 그 아름다운 순례

순례 1

프랑스 파리의 인근의 소도시 이시레뮬리노.

최근 이 소도시는 소각장 건립으로 세계적인 그린 명소가 되었다. 2008년 10월 문을 연 이 소각정은 공원 같은 두 가지 장점을 도입해 새 명물의 반열에 올랐다. 아부다비 마스다르가 꿈꾸는 도시처럼 굴뚝과 연기의 흔적을 지우는 것으로 소각장 그 자체를 공원화시킨 것이다.

'파리의 한강' 이라고 불리는 센 강변의 초대형 소각장 이신은 원래 노후주택과 허물한 공장이 산재한 곳이었다.

소각장과 센 강의 거리는 불과 20m이다. 우리의 상식으로는 서울의 젖줄 한강 바로 옆인 파리의 센 강에, 그것도 3만 8,000㎡ 용지에 초대형 소각장을 건립할 수 있었을까.

이 이신 소각장은 이시레뮬리노와 파리 일부, 그리고 파리 주변 도시 인구 550만 명의 생활쓰레기를 처리한다.

연간 처리량은 250만 톤이나 된다. 2007년 서울 시내 4개 소각 처리량은 220만 톤이다. 단순계산해도 30만 톤이 더 많다.

어느 자치구도 소각장 건립에 반대했지만 앙드레 상티니 이시레뮬리노 시장은 주민들을 설득해 소각장 유치에 성공했다.

그 행정비결이 알려지면서 유명세와 관광객을 함께 불러들이는 요인으로 작용함은 물론이다.

단 두 가지 조건만을 걸었다. 혐오시설로 보이는 굴뚝과 연기를 없앤다는 내용이다.

건설을 맡은 도시환경기업 식톰(Syctom)은 센 강의 경관을 보호하기 위해 건물 높이를 21m(3층 높이)로 제한했다.

또 굴뚝의 대부분을 지하에 묻기 위해 지면 70m까지 팠다. 지상과 건물 곳곳에는 나무와 풀을 심어 공원을 만들었다. 용지의 80%가 녹지로 되었다.

쓰레기를 실은 차량은 눈에 띄지 않도록 지하 통로만 다니게 만들었다. 겉으로만 보면 이곳이 소각장인지 공원인지 모르게끔 디자인을 최우선으로 삼았다.

쓰레기를 태우면서 나오는 증기는 주변 7만 7,000가구의 난방을 책임진다. 폐기물은 센 강을 오가는 배로 날라 물류비를 절감했다.

더 중요한 점은 5억 8,000만 유로를 소각장 이용 행정관청에 의해 충당한 사실이다. 이신 소각장이 친환경적으로 이름이 알려지면서부터 전 세계 노시 관계자와 공무원 등이 몰려들었다.

소각장 바로 옆에는 마이크로소프트사의 유럽본사와 BNP파리바 등 세계적인 기업들이 입주를 예약했다.

순례 2

이 시를 관통하고 있는 무라사키 강의 길이는 19.8km에 달한다. 이 강을 따라 10여 개의 다리가 놓여 있고 다리 주변을 그린으로 치장해서 관광명소로 등극되었다.

이곳은 고도성장기인 1960년대만 해도 공장폐수나 생활폐수로 오염된 '무라사키 강(보랏빛 강)'이라는 제 이름 대신 '검은 강'이라 불렀다.

그러다 1980년부터 본격화된 정비작업으로 도시는 숨을 쉬게 되었다. 건물들은 서서히 강을 향해 세워졌고 모든 것은 강으로 통하는 '워터프런트'를 구성하게 되었다.

강을 중심으로 동쪽은 백화점과 호텔 등 상업도시 중심으로 구성하고 서쪽은 이 지역 출신 작가 세이초(松本淸張)기념관과 고쿠라 성(城) 등 문화 도심으로 구성했다.

폐수 흐르던 검은 강이 그린과 문화의 옷을 갈아입고 나자 관광객도 50만 명으로 늘어났다.

순례 3

2016년 모 월(某月) 모 일(某日).

마스다르가 8년간의 긴 공사 끝에 완공되는 그해 그 어느 날이다.

김 아무개 씨는 아부다비 마스다르 입주한 기업체 한국종합상사 직원이다. 점심시간이 되어 카페로 나오자 일단의 아프리카 관광객들이 눈으로 인사를 보낸다. 타고 온 관광버스는 외곽 주차장에 세워 두고 마스다르 명물 캡슐을 이용할 터다.

그들의 눈빛은 여기가 광활한 사막의 도시라고 믿기지 않은 듯 연신 고개를 좌우로 돌리면서 그린 테크놀로지 향연(饗宴)에 취하고 있다. 그린과 관광의 그다음 순례는 그래서 더 값진 경험을 제시하고 있는지 모른다.

전 세계적인 매스컴의 집중 조명을 받은 마스다르답게 관광객 홍수는 어제처럼 오늘도 계속되고 있다.

한국 새만금이 마스다르를 벤치마킹한 그 이유를 조금은 알 것 같다.

녹색성장과 녹색관광의 함수 찾기

녹색성장이란 화두로 인해 관광의 패턴도 급속하게 변화하고 있다. 바로 그린 투어(green tour)다.

환경파괴를 억제하고 자연 상태 그대로를 관찰하는 체험방식이 각광을 받기 시작했다. 이름하여 '흔적을 남기지 않는 여행'으로의 주목이다.

요즈음에는 전 세계적으로 문화와 전통, 토속음식과 음악이 함께 어울러서 입체관광으로 그들에게 여행의 진수를 믿끽시키는 것이 트렌드화되고 있다.

마스다르가 입체관광을 매뉴얼하면서 내건 개념은 로하스
(LOHAS: Lifestyle of Health and Sustainable) 아류다.
건강과 지속가능의 개념을 도입한 것으로 이해하면 된다.

유행은 가변이다. 앞으로 7년이라는 시간이 더 필요한 시
점에서 로하스 관광개념도 불변이 아니기 때문에 아류로 표
현함에서 이해를 바라고 싶다.

하지만 그린 관광의 본질은 아부다비 마스다르를 사례로 국한시켜
보면 이런 개념이 통할 수 있다. 도시국가 아부다비가 입체관광을 통
해 녹색산업화와 국가경쟁력 확보, 그리고 국제화를 포괄적으로 보
여 주는 동력으로 인정하고 있다는 사실이다.

아부다비 지도자는 마스다르를 통해 그린과 관광을 묶는 상생모델
을 개발한다면 세계 최초의 제로카본시티답게 세계적인 관광명소로
서 그 가치는 무궁무진할 수 있다고 본다.

그린 관광으로 아부다비는 도시국가 성장의 업그레이드에서
'Green Abu Dhabi'로 인정받는 데 이력을 쌓을 것이다. 더 나가서
전 세계 지구촌 소비자를 유혹(誘惑)하고 말 것이다.

5. 그린+스마트그리드,
   그 아름다운의 미래

　뭐니뭐니 해도 이산화탄소 비즈니스 아이템의 대어(大漁)는 스마트그리드(Smart Grid-지능형 전력망)이다.

　우선 규모의 그린 비즈니스 경제에서 오는 2030년 8,700억 달러 시장이 형성되기 때문이다. 거기다가 완벽한 신재생에너지의 미래는 스마트그리드에서 그 위력이 결정됨을 배제할 수 없다.

　오바마 미국 행정부는 출범 이후 스마트그리드를 에너지정책의 핵심으로 삼고 이를 실천하는 것이 예사롭지 않아서 더 그렇다.

　2009년 3월 미국 행정부는 스마트그리드에 연간 45억 달러를 투자하기로 결정하면서 신재생에너지 관련기업들의 시장 선점경쟁도 활발해지고 있다.

　최근 가정의 에너지 소비를 추적할 수 있는 파워미터기를 개발한 구글은 토머스 에디슨의 시혜를 잇는 제너럴일렉트릭(GE)과 마이크

로소프트는 알스톰과 제휴해 스마트그리드 시장 참여를 선언했다.

그 첫 결과물이 미국 콜로로다 주 볼더 시에 조성되고 있는 '스마트 시티'다. 이러한 결과물은 아부다비 마스다르가 꿈꾸고 바라는 점과 함께 신재생에너지의 극대화를 통한 삶의 질 향상에다 하나 뿐인 지구의 미래를 책임지는 일이라면 스마트그리드는 이를 계량화하는 첨병 시스템에 속한다.

지금의 전력망에 정보기술을 접목한 스마트그리드는 각 가정의 소비자와 전력공급회사 간의 '정보고속도로'를 뚫어주는 시스템이다.

전력망을 디지털화하기 때문에 다양한 정보 교환이 가능하고 전기를 보다 효율적으로 사용할 수 있는 플랫폼이기도 하다.

연간 시장 예상 규모는 2015년 2,130억 달러에서 2030년 8,700억 달러로 급성장할 것이 전망되고 있다.

유럽연합은 2005년 스마트그리드 비전을 세우고 이미 사업을 추진중이다. 중국도 1조 위안 이상의 스마트그리드 프로젝트를 발표했다.

전문가들은 스마트그리드가 언제 닥칠지 모르는 에너지 위기에 대비한 필수적인 기술임을 강조하고 있다.

마스다르의 본뜻인 '자원(資源)'을 언제까지고 퍼 나눌 수 없는 만큼 똑똑한 전력기술로 소비를 줄여야 한다는 것이 공감대 형성의 단초가 된다.

스마트그리드가 없으면 신재생에너지 발전에도 한계가 있다. 지금의 전력망은 태양광이나 풍력으로 생산된 전기를 수용할 수 없다.

이를 패러디하자면 스마트그리드 도입은 의학적으로 비교할 수 있다.

'X선에서 MRI로 바뀌는 혁명적인 변화로 구분해도 된다.'

우선적으로 신재생에너지는 전력 흐름이 일정하지 않기 때문에 수요와 공급에 맞게 전력을 적절히 공급하는 스마트그리드 시스템이 갖추어져야 함을 뜻한다.

그래서 아부다비 미스다르를 비롯한 전 세계 신재생에너지기구와 기업들은 스마트그리드를 단순한 전력 차원이 아니라 생존의 문제인 만큼 서둘러 구축하기 시작했다.

똑똑한 전기와 스마트그리드 열풍

스마트그리드 핵심은 전력 소비자와 전력 공급자가 양방향으로 정보를 교환해 신재생에너지 효율을 최적화하는 차세대 전력망으로 정리할 수 있다.

앞에서 소개한 대로 스마트그리드는 전력산업을 너머 신재생에너지와 자동차는 물론 최첨단 IT산업에 이르기까지 영역을 확장할 수 있다.

크게 다섯 가지 측면에서 그렇다.

첫째, 전력 소비자에게 풍부한 전력정보를 전달해 효율적인 전력 소비를 유도할 수 있다.

둘째, 향후 기대되고 있는 전기자동차 출시에 맞추어 전력을 충전시켜주고 방전하는 시스템 역할을 담당하게 된다는 점이다.

셋째, 신재생에너지에서 생산된 진력을 인정적으로 공급하는 기능까지 겸한다.

넷째, 정전의 경우에는 관련 전력망을 부분적으로 단절해 정전 구간을 최소화하는 기능까지 갖출 수 있다.

다섯째, 어댑터가 없어도 직류송전이 가능해 각종 가전제품의 전기효율을 극대화할 수 있다.

이러한 측면을 고려해 보면 전력산업계에 그치지 않고 다양한 산업분야에서 무궁무진한 시장을 창출할 것으로 기대가 된다. 우선 통신업계를 주축으로 다양한 스마트그리드 관련 상품을 만들어 낼 수 있고 가전업계 또한 이를 표방해 에너지 절감형 가전제품을 차세대 제품으로 내놓을 것이 예상된다. 건설업계도 에너지 절감형 주택을 보급할 수 있어 그야말로 주택전력망 사업의 핵으로 불리게 된다.

스마트그리드에서 손잡은 한국과 미국

2009년 6월 16일.

한국 지식경제부와 미국 에너지부가 미국 워싱턴에서 스마트그리드 등 에너지 협력의향서(SOI)를 교환했다.

스마트그리드 기술에 앞선 미국은 실제 시스템 구현과 시장 테스트를 해볼 수 있다는 판단에 따라 외국 가운데 처음으로 한국과 손을 잡았다.

이를 화답하듯 한국 정부는 스마트그리드 실증단지 부지로 제주도를 선정해서 발표했다. 오는 2013년까지 810억 원을 투자해 4,000가구를 대상으로 종합적인 스마트그리드 개발기술을 시험하기로 계약했다.

이러한 협력의향서 체결을 계기로 한국 관련기업들은 미국 기업들과 구체적인 프로젝트별 협력방안이 논의될 것이 예상된다.

특히 캘리포니아 대규모 정전사태 등을 겪은 미국은 약 10년 전부터 노후 전력망 교체가 시급한 과제라 한국기업들의 이 시장진출에도 호기가 될 수 있다.

미국의 전력망 교체시장 규모는 2030년까지 4,000억 달러(500조원)에 이를 것이라고 한다. 스마트그리드 시스템에 거는 기대는 여기에서 그치지 않는다.

아부다비 마스다르가 기대하고 요구하고 더 나가서 찾는 아이템이라는 점에서 이산화탄소(CO_2) 시장의 비즈니스 백미는 스마트그리드가 한 자리를 차지할 것이 예단된다.

왜냐하면 향후 3년 이내에 실용화될 플러그인 하이브리드카(가정용 콘센트를 통해 충전하는 전기와 휘발유 겸용 차량) 보급과 맞물려 스마트그리드가 본격적인 발전단계를 맞을 것이 예상되고 있기에 그렇다.

결국 스마트그리드는 대어(大漁)답게가 아니라 대어(大漁)다운 그린 비즈니스 아이템이 되게 된다.

결론적으로 제6장은 이산화탄소(CO_2) 비즈니스 아이템을 찾고 있는 아부다비 마스다르의 기대주에 관한 얘기다.

그린과 금융의 행복한 결혼으로 시작해 오는 2030년 스마트그리드 전체 시장 규모가 8,700억 달러에 달하는 스마트그리드의 미래까지 소개했다.

자원빈국 한국에서도 이를 반면교사로 삼아야 된다는 제안이 불필요하게끔 현실적인 과제라는 점에서 아부다비 마스다르가 이미 공감하고 있다는 사실이 더 경이롭다.

Chapter 7

기후변화와 비즈니스 용병

글로벌 그린 마켓에는 분명 승자가 있다. 그린 테크놀로지를 등에 입고 지구촌을 누비는 그들은 우리의 진정한 승자다.

CHALLENGE of GREEN MASDAR

1. No. 1, in Modern Energy, Vestas

기업 캐치프레이즈에는 기업의 지향점을 품고 있다. 기업의 존재 가치가 묻어 있다. 기업의 미래가 녹아 있기도 한다.

세계 제1위의 풍력발전기 제조회사 베스타스(Vestas)가 내보낸 방송광고(CF) 메시지는 우리를 전율시키고 있다.

기업의 이미지를 살려내고 있는 기업광고에서 시장 점유율 1위 기업다움 대신 그 자리에 베스타스는 '현대(modern)'라는 주제어를 내세우고 있다.

풍력이 미래의 에너지가 아닌 지금 당장 석유나 천연가스처럼 사용할 수 있는 에너지라는 점을 강조하기 위해서다. 그것도 세계 1위라는 기록으로 실천하고 있음을 포함시키면서 말이다.

이처럼 덴마크가 자랑하는 베스타스의 광고 내용은 신재생에너지 기업다운 냄새 대신 모던(modern), 즉 현대를 노래하고 있다.

불확실성이 팽배한 먼 미래보다는 실제적인 현대에서 시장 점유율

세계 1위라는 점에 자만하지 않고 대신 기술 1위를 제시하는 당찬 모습이야말로 베스타스답다.

동시에 베스타스의 미래를 현대로 각인시키는 그 놀라운 광고언어의 마술이 전율하게 만들기에 충분했다.

특히 세계 10대 에너지 소비국으로서 에너지의 97%를 수입하고 있는 한국에게 '저탄소 녹색성장'은 한국이 풀어야 할 가장 중요하고 시급한 현안임을 생각하면 말이다.

한국경제가 글로벌 금융위기 이후 그린 이코노미로 전환하는 과정에 나침반 역할을 하는 기후변화 대응의 주역이자 용병(勇兵)을 찾게 되었다

따라서 글로벌 기후변화의 용병으로 소개되는 제7장 첫 번째로 신재생에너지기업은 자연스럽게 덴마크 베스타스가 차지한다.

유트란트 기적

덴마크 유트란트 반도 동쪽의 소도시 라네르스 시(市). 덴마크 수도 코펜하겐에서 기차로 약 4시간 거리에 위치한 라네르스는 항상 붐빈다. 베스타스를 찾는 외국 바이어의 행렬과 함께 유트란트 반도 동쪽의 작은 섬 '삼쇠'를 찾는 관광객이 줄을 이은 결과다.

베스타스 기술로 조성한 풍력단지의 삼쇠는 풍력업계의 단골 벤치마킹 대상이 되었다.

삼쇠는 인구 4,000여 명의 별 특징이 없는 작은 섬에 불과하지만 매년 1,000명에 달하는 세계 각국의 정치 지도자와 상관, 학자와 시

민단체 관계자가 줄을 잇는다.

베스타스에서 자료를 챙기고 섬쇠에 조성된 풍력발전소 현장을 함께 견학하는 코스가 생긴 이후의 변화된 모습이다.

덴마크를 비롯한 주요 선진국들이 그린 이코노미 사회로 바뀌고 있다. 단순히 기후변화의 차원을 넘어 신재생에너지를 신성장동력으로 삼아 세계적 기업을 키워 내고 있다.

튤립의 나라로 잘 알려진 덴마크는 일찌감치 그린 베이스에 뛰어들어 세계에서도 가장 빠른 그린 이코노미 사회로 진입한 국가로 꼽힌다.

같은 맥락에서 덴마크가 키워 낸 베스타스 사상 유례가 없는 글로벌 금융위기에도 아랑곳하지 않고 굳건히 녹색성장을 이어 갈 회사로 평가를 받고 있다.

왜냐하면 전 세계에 설치된 풍력발전기의 3분의 1을 만들어 낸 회사이기 때문이다. 지금도 세계 곳곳에 3시간에 1대씩 이 회사의 풍력 터빈이 설치되고 있다.

그 풍력터빈들이 매년 6,000MWk의 에너지를 생산하기도 한다.

베스타스의 어제와 오늘

베스타스는 1970년 후반까지만 해도 선박과 자동차, 건설장비 부품을 생산하는 회사였다. 신재생에너지와는 별다른 관계성을 찾아볼 수 없었다.

1979년 처음으로 풍력터빈을 만들었을 때만 해도 그렇게 큰 주목을 받지 못했다. 하지만 이후 30년 동안 눈부신 성장을 하면서 2008년 세계 풍력발전기 시장의 23%를 점유하는 글로벌 기업으로 우뚝 섰다. 2007년까지 세운 풍력발전기만 63개국의 3만 5,000여 개에 이른다. 2008년 한 해 동안 베스타스가 얻어 낸 매출기록은 57억 유로(약 10조 5,000억)다. 2만 명의 직원이 베스타스 기치 밑에 모여 '모던'을 팔고 있는 매출성과이다.

에너지 수입국에서 수출국으로

베스타스 성장에는 덴마크 정부와 의회가 추진하는 강력한 녹색정책과 국민의 지지가 큰 힘이 되었다.

베스타스가 풍력사업에 뛰어든 것도 1970년대 오일쇼크를 겪으면서 '석유에 의존하지 않는 성장동력을 찾자'라는 덴마크 정부의 의지와 이를 청정에너지에서 찾아야 한다는 비정부기구(NGO)들의 정책 아이디어 제안이 주효했다.

1970년대 초반까지만 해도 에너지의 99%를 수입하던 덴마크는 1976년 '에너지 종합성책'을 세우고 착실히 정책을 수행한 결과

2006년 에너지 자급률을 145%까지 끌어올렸다.

남은 에너지는 해외에 팔아 EU 회원국가 가운데 유일한 에너지 순(純) 수출국이 되었다.

이런 정책적 지원의 최대 수혜자로 꼽히는 베스타스는 그린 이코노미에서 성장과 일자리 창출을 실현하는 대표적 역할 모델이 되었다.

베스타스 윈도 시스템

덴마크 제2의 도시 오르후스에 소재한 베스타스 설계시험센터는 세계 최고의 자리를 얻어 내고 지키기 위해 베스타스 엔지니어들이 거대한 기계덩이와 싸움을 벌이는 최전선이다. 모던 실천회사의 긍지를 살려 내면서.

풍력발전기에 필요한 전기 배전망(grid)을 비롯하여 기어박스와 유압실린더, 베어링 등 설계 내구연한이 20년인 풍력터빈의 거대 부품과 관련 장비들이 목적과 기능이 맞게 설계되었는지 설계시험센터에서 검증을 받는다.

기상 최악의 악조건에서도 견디는 풍력터빈이 되도록 끝없는 시험과 검증을 거친 베스타스 발전기는 그들만의 기술적 노하우로 인정되는 '베스타스 윈도 시스템'의 결정체가 된다.

아부다비 마스다르가 탐내고 있는 베스타스 풍력터빈은 에너지 부족에 시달리는 덴마크 정부의 정책과 지원에서 얻어 낸 결정체라는 점에서 기후변화 용병답게 일취월장(日就月將)을 노래하고 있다.

베스타스 모든 방송광고의 내레이션처럼 '모던'과 '바람', 그리고 '실천'을 읊조린 이유가 이제 겨우 납득이 간다.

단, 20초(秒) 메시지라 해도 그 강력한 호소력은 글로벌 신재생에너지기업답게 파워풀한 기업 컬러를 그대로 품어 내고 있다.

2. 품질(quality)에 웃는 큐셀

　신재생에너지산업계에서 거인 용병은 덴마크에서는 '베스타스'를 꼽는다. 반면 독일에서는 '큐셀(Q-Cells)'을 내세운다.

　기후변화 대응에서 같은 레벨의 용병이지만 베스타스는 풍력발전기 터빈부문이고 큐셀은 태양광전지 폴리실리콘 셀의 거장이라는 점이 다르다.

　다른 대비는 베스타스가 '모던'을 내세웠다면 큐셀은 '품질(quality)'을 내걸고 있다는 점이다.

태양광전지 생산 세계 1위 독일 큐셀

　독일 수도 베를린에서 기차로 1시간 거리에 위치한 독일 중부 소도시 작센안할트에 위치한 기후변화 대응의 거인 큐셀(Q-Cells).

　큐셀 본사 사옥에 걸려 있는 커다란 'Q(quality)'가 큐셀의 상징적 이미지를 지니고 있다. 그만큼 큐셀은 품질을 생명으로 삼아 간접 증명하고 있음을 알 수 있다.

큐셀은 지난 1999년 태양광 모듈을 생산하는 솔론에서 일하던 네 사람이 독립해 세운 회사다.

그냥 독립이 아니라 전직 경영전략 컨설턴트와 엔지니어, 그리고 물리학자 2명 등 모두 4명이 설립한 회사이기도 하다. 10평 남짓한 작은 사무실 하나를 빌려 4명이 의기투합한 '조촐한 시작'이었다.

이 작은 회사가 창업 8년 만인 지난 2007년 태양광전지시장에서 세계 1위에 올라섰다. 그것도 만년 2위에서 1위 일본 샤프를 누르고서.

매출액은 2002년 1,700만 유로에서 2007년에는 8억 6,000만 유로(1조 6,000억)로 불어났다. 5년 동안 50배로 수직상승한 결과를 보인 것이다.

독일 신재생에너지 정책의 산물 큐셀

큐셀이 이런 초고속성장을 할 수 있었던 데는 독일 정부 차원의 '재생에너지 장려'라는 탄탄한 토양이 밑거름이 되었다.

실제로 큐셀의 성장배경에서 자주 등장하고 있는 성장동인은 정부와 기업, 그리고 태양광전지 소비자의 열띤 호응에서 비롯되었다.

1990년대 중반 슈뢰더 총리시절 시작된 '10만 가구 태양광 보급' 정책이 태양광 보급의 불을 댕겼다. 이어서 2000년에 제정된 '재생에너지법(EEG)'으로 태양광 시장이 급부상하게 된다.

독일의 재생에너지법의 골자는 발전 차액(差額) 지원제도가 주류를 이루고 있다. 예를 들면 태양광을 비롯해 풍력과 지열 등 신재생에너지로 생산된 에너지는 석유나 천연가스로 생산되는 에너지보다 생산비용이 비싼 만큼 그 차액을 정부에서 지원해 신재생에너지산업을 촉진시키려는 데 있다.

이런 법적 뒷받침에 힘입어 큐셀은 오늘을 구가하게 되었다. 한마디로 독일 정부 주도의 태양광 시장 성장과 함께 발전함을 어렵지 않게 생각할 수 있다.

다른 큐셀의 성장비결은 태양광전지의 핵심소재인 폴리실리콘의 안정적인 수급에 의한 성장을 배제하고는 설명이 어렵다.

적어도 2008년 상반기까지 폴리실리콘 가격은 상종가를 치고 있었다. 태양광 붐은 핵심소재의 품귀현상으로 치달았고 공급부족 현상까지 나타났다.

이러한 시장 상황에서 폴리실리콘의 안정적인 공급은 강력한 무기이자 강력한 경쟁우위 확보의 필요조건이 된다.

큐셀은 핵심소재의 안정적인 공급을 위해 폴리실리콘 생산 세계 3위인 REC의 지분 17.9%를 인수해 원료 공급선을 안정적으로 확보하는 데 성공하였다.

반면 2000년부터 7년간 태양광전지 세계시장 점유율 1위를 지킨 일본 샤프는 안정적인 공급선 확보에 실패했다.

이 때문에 샤프는 생산능력만큼 태양광전지를 만들어 내지 못했다. 결국 세계 태양광 시장의 공급선 확보 다음으로 얼마나 안정적으로 주문 물량을 소화하는 데 달려 있음을 단적으로 증언하고 있다.

R&D에 강한 큐셀

큐셀의 성공신화 배경설명에서 배제할
수 없는 대목은 과감한 연구개발(R&D) 덕
택의 산물이다.

큐셀의 고속성장을 낳는 원동력이기도
하다. 실제로 큐셀은 14% 수준이던 태양광
전지 발효율 16%로 2포인트 올리는 데만 4년을 투자했다.

현재 큐셀의 연구인력은 200여 명, 전체 직원의 13%에 달해 큐셀
의 연구개발에 쏟은 열정과 리더십은 빛이 났다.

엔지니어 출신 창업주들은 연구개발에 몰두했고 회사경영은 영국
출신 밀너 회장에게 맡겼다.

연구개발 비용도 전체 매출의 10%를 투자한 반면 이 투자마저 매
년 증가추세를 보이고 있다.

2009년 올해 매출액을 12억 유로로 잡고 있다. 전년대비 209%가
높다. 글로벌 금융위기를 맞아 소비가 줄고 경쟁이 치열하게 진행된
과정에서도 이 수치 달성을 낙관하고 있다. 글로벌 불황이 무색할
정도다.

기후변화 대응의 거목이자 용병인 독일 큐셀의 성공신화는 전문경
영인 밀너 회장의 멘트에서 그대로 묻어 나고 있다.

"우리 큐셀은 향후 햇빛에서 금을 캐는 우리의 공격적인 성장전략
을 계속 끌어나가겠다."

3. 유비쿼터스 디지털 조명시대를 여는 필립스

그린 이코노미의 명제는 지구촌 65억 가족에게 보다 저렴하고 보다 밝은 세상을 여는 일이다. 보다 저렴하다는 것은 가격의 저렴함도 포함되지만 에너지 소비의 감소에 더 무게는 둔다. 마스다르의 정신과 마스다르의 미래와도 부합된 이론적 토대에 해당한다.

또한 보다 밝은 세상은 삶의 질 향상에 도움이 되는 새로운 빛의 세상을 선물함을 지칭한다. 부단하게 노력하고 부단하게 추구한 인류의 꿈을 제공하는 것으로 풀이된다.

따라서 기후변화 대응 조건을 갖추고 소비자 이익도 얻어내는 제품을 만든 기업에게 붙여주는 닉네임을 그린 파이오니아(green pioneer)라고 부른다.

신은 어디서나 존재한다는 의미의 유비쿼터스 디지털(Ubiquitous Digital)은 이제 조명의 시대까지 아우르고 있다.

2009년 5월 미국 뉴욕에서 열린 '라이트 페어'에 참가한 프로부스트 필립스 조명사업부 CEO는 이를 의식하듯 이렇게 밝혔다.

"그린 이코노미에서 조명산업은 혁신적인 변화가 올 것이다. 앞으로 유비쿼터스 디지털 조명(라이팅) 시대가 올 것이다."

그의 멘트에는 고효율 '꿈의 조명으로 기대되는 LED 시대'를 여는 용병의 당찬 기업적 포부가 진하게 배어있다.

바로 LED에 IT기술을 접목시키고 있는 네덜란드 필립스에 대한 비전과 미래를 들어보자.

빛의 속도로 시장 선점

진부하게끔 너무나 많이 듣고 있는 LED 시대.

굳이 여기서 LED를 전기에너지를 빛의 에너지로 전환하는 일종의 반도체 발광소자(發光素子)라고 소개하지 않아도 통하는 세상에 우리는 산다.

하지만 LED가 그린 마켓에서 각광을 받고 여기에 수많은 기업들이 동참에서 승자가 되기 고진감래(苦盡甘來)를 감수하는 기업현장을 미뤄보면 얘기는 달라진다.

'차세대 광원(光源)' '꿈의 빛' '21세기 조명(照明)'으로 각광을 받은 LED 조명시장이 급팽창하고 있다.

기존 조명보다 효율이 최대 18배 정도 높으면서 수명은 최대 30배 이상 길어 그린 이코노미에 진입하려는 주요 선진국이 새로운 성장동력으로 십중육성하고 있기 때문이다.

백열등의 수명이 1,000시간이라면 LED 조명은 5만 시간 정도로 비교가 되지 않을 뿐 아니라 에너지 비용절감에도 부합되고 있다.

지금까지 형광등과 백열등은 스위치를 올리고 내리는 단순한 수준에 불과하지만 LED와 IT가 접목되면 주변상황과 시간에 맞춘 디지털 조명이 가능해진다.

다만 초기 투자비용이 비싸다는 단점이 문제라면 문제다. 그러나 장기적으로 보면 에너지 효율이 좋고 수리비용이 들지 않아 저렴할 수 있다는 과학적 증거에 LED조명 시대는 대세인 것은 분명하다.

독일의 오스람과 미국의 제너널일렉트릭(GE)과 함께 세계 조명시장의 3대 메이저 기업인 네덜란드 필립스는 LED시장의 선두주자로 꼽힌다.

유럽은 LED 조명 시험장

필립스는 2008년 4월 네덜란드 수도 암스테르담 시의회와 함께 기존의 형광등을 이용한 도로보안등을 LED보안등으로 교체하는 시범사업을 시작했다.

네덜란드 내의 모든 도로보안등을 LED로 교체할 경우 에너지를 현행보다 최소 30%이상 절감할 수 있을 것으로 필립스는 추산하고 있다.

필립스가 개발한 LED보안등은 암스테르담을 시작으로 앞으로 유럽 25개국의 도시에 설치될 예정이다.

특히 필립스가 시공한 고효율 가로등 '코스모폴리스(Cosmo Polis)'

는 나트륨등처럼 양쪽 전극에서 전류가 흘러 번개와 같은 빛을 발생시키고 이 빛이 유리관 내부에 있는 특수 금속과 부딪치면서 백색광을 낸다.

필립스는 유리관 내부에 들어가는 금속들의 배합을 최적화해 에너지 효율을 극대화시켰다. 광효율이 1w당 120lm(루멘)에 이른다. 기존의 수은등(50lm/w)이나 나트륨램프(90ml/w), 그리고 세라믹 메탈램프(95lm/w) 등과 비교하면 훨씬 에너지 소비절감을 기대해도 된다.

게다가 맹독성 물질인 수은이나 납 성분이 없어 국제적인 환경 규제에도 적합하다고 한다.

급팽창하는 LED 조명시장

2008년 말 세계 조명시장 규모는 약 1,087억 달러. 이 가운데 LED 조명이 차지하는 비중은 3% 수준에 불과하다.

반면 백열등은 62%이고 형광등은 35%를 차지하고 있다.

LED 조명의 점유율이 이처럼 낮은 것은 형광등보다 10배 이상 비싼 탓이다. 하지만 LED 조명기술이 빠른 속도로 발달하면서 제품가격도 점차 낮아져 아부다비 마스다르가 완공되는 2016년이면 LED 조명분야 점유율은 30%에 이를 것으로 예상하고 있다.

여기다가 세계 각국이 에너지 95%를 열로 발산하고 5%만 빛으로 내는 저효율 백열등을 조명시장에서 퇴출시키려는 움직임을 본격화시키고 있다.

때문에 LED 조명보급 속도는 더욱 빨라질 것으로 보고 있다. 앞에서 언급한 대로 LED 조명기구들은 에너지의 90%를 빛으로 변환할 정도로 효율이 높기에 그렇다.

필립스 조명사업부 CEO의 조언

모든 조명사업이 유비쿼터스 디지털 조명 시대로 발전할 것이라고 예단한 프로부스트 필립스 조명사업부 CEO는 다음과 같은 조언으로 이어 갔다.

"LED 조명은 이제 단순한 프로젝트가 아니라 전체 산업 모델을 바꾸면서 각 기업의 매출을 좌지우지하는 마케팅 수단이 될 것이다"라고 예측했다.

LED 조명 설치는 각 지역의 랜드 마크가 되어 크게 주목을 받을 뿐 아니라 이는 곧 매출 상승으로 이어질 수 있다는 것이다.

실제로 LA국제공항과 타임스퀘어 등에 LED 조명이 도입되면서 시장 안팎의 주목을 받고 있다.

그는 "이제 LED는 단순 부품이 아니라 종합산업이다"라고 강조하면서 LED 조명산업을 완성하기 위해서는 밸류체인(velum chain)을 완성해야 한다고 주문했다.

LED 부품만 가지고 있어서는 글로벌 경쟁에서 이길 수 없으며 조명 디자인을 비롯하여 설계와 건축, 비즈니스 모델(BM) 등 완전한 산업구도를 만들어야 글로벌 경쟁력을 갖출 수 있다는 것이다.

또한 그는 "LED 조명은 복잡한 비즈니스이기 때문에 모든 밸류체

인을 갖추고 기업 간 협업을 잘 할 수 있어야 한다"면서 "필립스는 벤처기업을 인수해 이 같은 구도를 갖춘 것도 글로벌 경쟁에서 승자가 되기 위한 것이다"라고 조언했다.

필립스는 2005년부터 최근까지 4년간 글로벌 조명 시장을 장악하기 위해 LED 원천기술을 보유한 루미레즈와 컬러키네틱스 등을 인수해 LED칩과 패키지, 그리고 디자인까지 수직계열화를 완성했다.

끝으로 프로부스트 CEO는 한국기자와의 인터뷰에서 "한국의 LED 출발은 빨랐지만 눈에 띄는 기업은 아직 없다"는 사실을 밝히기도 했다고 한다.

귀담아 들을 조언이고 동시에 진한 충고로 구분해서 깊게 생각해도 좋을 성 싶다. 무엇에 우선하여 글로벌 그린 마켓에서 LED 조명산업의 승자가 되기 위해서도 말이다.

4. 중국 우시상더
(無錫尙德-썬텍/Suntech)

큐셀(독일) 10.4%

샤프(일본) 8.7%

썬텍(중국) 8.8% (태양광전지 세계시장 점유율/2007년도 기준)

"적어도 5년 이내에 그린 마켓분야에서 기업공개(IPO)를 통해 엄
청난 부자들이 등장할 것이다. 빌 게이츠급 이상으로 말입니다."

최근 글로벌 그린 마켓의 최강자 GE의 환경부문 로레인 볼싱어
(Bolsinger) 부사장이 세계적인 화두가 된 그린 뉴딜에 관한 업계 동
향을 두고 한 말이다.

이런 멘트 배경에는 태양광전지업계의 기린아로 평가받은 중국 썬
텍의 스정룽(施正榮) 회장을 염두에 두고 한 말로 알려졌다.

중국 태양광전지 메이커 썬텍은 세계시장 점유율 3위다. 그래서 기후변화 대응의 용병 중에 용병이다. 그냥 용병이 아닌 부와 함께 기술을 겸비한 중국의 미래를 책임지고 있는 그린 메이커의 최전선에 서 있다.

Sun King

태양광전지업계의 거인 스정룽(施正榮) 썬텍 회장은 올해 46세다. 2006년 미국 경제전문지 〈포브스〉(Forbes)가 발표한 중국 부자 랭킹 3위로 링크되어 있었다.

그의 재산은 29억 달러로 평가되어 있다. 3년이 흐른 지금은 많은 변화가 보여서 순위의 변동이 예상되지만 머지않은 훗날 1위 확보는 무난(?)할 것으로 이해된다.

왜냐하면 스정룽 회장의 성공스토리에는 부자가 될 수밖에 없는 부자 포트폴리오가 짜여 있기 때문이다.

세 가지 이유에서다. 첫째, 그린 뉴딜이 제시하듯 2009년은 그린 마켓이 뜨는 시대라는 점이다.

둘째, 신흥시장(중국과 인도 등)을 무대로 삼고 있다는 점이다.

마지막 셋째, IT를 능가하는 새로운 글로벌 성장동력으로 주목받고 있는 태양광전지 시장의 거인이라는 점이다. GE 로레인 볼싱어 부사장의 멘트가 이해되는 대목이기도 하다.

2005년 12월 중국 민간기업 가운데 처음으로 썬텍은 뉴욕거래소에 기업을 상장했다. 2008년 4월에는 베이징올림픽 주경기장 입구에 100kw짜리 태양광발전 시스템을 설치했다. '그린 올림픽'을 표방했던 베이징올림픽에 태양광발전이 시스템 공급업체로 선정된 것은 '중국을 대표하는 그린 메이커'라는 의미가 포함되어 있다.

그래서 중국 언론매체들은 스정룽 회장에게 '태양의 아들'이라는 닉네임을 선사했다.

썬텍의 다른 중국 이름 우시상더(無錫尙德)

우시상더의 미국식 이름은 썬텍(Suntech)이다. 하지만 썬텍이 우시상더로 부르게 된 이유는 '중국 우시지역에서 과학기술을 받들고 덕으로써 신용을 얻는다(崇尙科技 以德取信)'라는 뜻이다.

여기에도 깊은 뜻이 있다. 스정룽 회장은 지난 2001년 중국 우시(無錫)에서 썬텍을 창업했다. 창업 당시에 우시 지방정부의 절대적 도움을 받았던 썬텍으로써는 보응과 보국의 의미를 겸한다.

썬텍이 급속도로 성장한 배경에 대해 해외언론들은 "적절한 때와 적절한 분야에 진출한 결과다"라며 "하이테크 기술과 저렴한 중국 노동력을 이상적으로 결합시킨 결과"로 분석했다. 더 다른 추가는 중국 지방정부 우시의 '정부 지원'을 배제할 수 없다.

2001년 호주에서 귀국 당시 스정룽 회장에게는 태양광전지 관련 특허를 11개나 가지고 있었다. 그러나 중국에서 창업을 하고 공장을 짓자니 돈이 문제였다. 이때 지방정부 우시가 8개의 국유기업으로부터 600만 달러를 유치해 주었다. 호주에서 가지고 나온 현금 40만 달러를 보탰다.

그는 2005년 미국 증시 상장으로 4억 달러의 자금을 조달받아 회사를 키웠다. 미국에 기업을 상장할 때도 국유기업들의 도움이 결정적이었다.

중국 법규상 중국정부의 지분이 있는 회사는 미국 증시에 상장할 수 없도록 되어 있었기 때문에 스정룽 회장은 국유기업들에게 주식을 다 팔아 달라고 설득했다. 8개 국유기업들은 이를 받아들였다. 그래서 현재 썬텍은 정부관련 지분이 없는 100% 민영화 태양광전지 메이커가 되었다.

스정룽 회장 스토리

스정룽 회장은 올해 46세다. 앞에서 소개한 그대로다. 두 번이나 소개한 이유는 그린 뉴딜에서 썬텍과 같은 그린 메이커들이 빈번하게 등장이 예고되고 동시에 이들의 중심에 중국 청년 기술 엘리트들이 그린 마켓을 주도할 것이 예상됨을 얘기하고 싶었기 때문이다.

스정룽 회장은 1963년 중국 장쑤(江蘇)성 양중(揚中)에서 태어났다. 1986년 중국과학원 상하이 광학기술연구소에서 레이저 물리학 석사학위를 받고 1988년 국비 장학생으로 호주에 건너가 뉴사우스웨일스대학에서 공부했다.

태양광전지 권위자인 마틴 그린(Green) 교수의 지도를 받아 1992년 태양광전지 연구로 박사학위를 취득했다.

1995년 시드니에 설립된 태양광전지 연구회사 '퍼시픽 쏠라'에서 기술이사로 일하다 2001년 귀국해 2001년 우시상더를 창업하여 오늘에 이른다.

스정룽 회장은 태양광전지 기술로 중국 최고의 부자 반열에 등극되었지만 태양광에 입문한 것은 아주 우연한 계기에 의해서다.

호주 유학시절 학비와 생활비가 모자라 돈벌이가 될 만한 일자리를 찾아다녔다. 카페에서 햄버거 굽는 아르바이트도 했다. 하루는 학교에서 '연구 조교를 구한다'는 게시물을 보고 한 교수를 찾아갔다. 물론 누구인지 모르면서 말이다.

알고 보니 태양광전지의 세계적 최고 권위자인 마틴 그린 교수였다. 이런 인연으로 스정룽 회장은 전공을 레이저 물리학에서 태양광전지로 바꾸었고 결국 태양광전지 박사가 되었다.

한국시장 상륙

지난 2008년 2월 썬텍은 한국시장에 상륙해 판매 법인을 세웠다. 2008년 5월에 효성이 완공한 삼랑진 태양광발전설비에 3MW를 공급했고 9월에는 삼성에버랜드 태양광발전소에도 10MW를 공급했다.

로레인 볼싱어 GE 부사장이 예견한 대로 향후 그린 마켓이 뜨면 썬텍 스장룽 회장처럼 밀리언 부자들이 계속 이어질 수 있다.

하지만 여기서 언어낼 수 있는 의문과 교훈은 두 가지로 요약된다.

하나는 마스다르가 과연 태양광발전 시스템 가동에 돌입하면 중국의 썬텍을 파트너로 삼을 것인가 또는 독일의 큐셀을 선택할 것인가 하는 궁금이 벌써 든다.

아마도 두 그린 메이커를 수용할 확률이 더 많아진다. 이것도 글글

쎄다.

둘은 그린 메이커의 성공비결은 썬텍처럼 제때 투자를 결심했고 핵심기술이 탁월하다는 점이다. 그리고 저렴한 중국 노동력을 등에 잘 업었다는 점 등이다.

필자는 제7장에서는 기후변화 대응에서 세계적인 용병으로 베스타스와 큐셀, 필립스와 썬텍을 소개했다.

그린 마켓의 강자는 여기에 그치지 않는다. 풍력의 독일 에네르콘과 태양열발전의 스페인 아벤고아, 일본의 샤프 등이 남는다.

욕심을 내자면 그 남는 자리에 한국의 그린 메이커가 한 자리 차지

했으면 하는 바람이 일고 있다. 그들과의 경쟁에서 성공한 그린 메이커는 마스다르가 주목할 것이 당연하고 또 그린 테크놀로지에 반해 더 다른 부(富)의 프리미엄도 얹어줄 것을 기대해 본다.

Chapter 8

새만금에서 아부다비 마스다르로
다시 아부다비 마르다스에서 새만금으로

CHALLENGE of GREEN MASDAR

세계 최초로 카본제로시티를 구축하고 있는 아부다비 마스다르는 최근 국제재생에너지 본부를 유치하자마자 그린 뉴딜에게 손짓하기 시작했다. 그린 테크놀로지 승자와 그린을 구축하고 있는 투자처를 찾고 있다. 새만금도 한 대안이다.

1. 새만금이 아부다비 마스다르를
   주목하는 이유

　말의 중심에는 소통(疏通)이 있다. 단어의 중심에는 동질성(同質性) 확보를 얻게 한다. 이 바쁜 세상에 이 같은 선문답(禪門答)이 통하기나 할까. 조금은 이해나 될까.

　초속으로 운영되는 글로벌 경제에서 시간이 돈이고 곧 기회라고 생각하는 우리에게 매우 낯선 화두다.

　그 화두의 단어에서 동시(同時)와 동급(同級), 동격(同格)과 동맹(同盟) 철학이 묻어 있다. 그렇다고 철학을 논하자고 하는 말은 아니다.

　지구촌 65억 소비자가 단 하나뿐인 지구를 살리자는 기치 밑에 모여 기후변화 대응에 발을 벗고 나섰다. 이대로 방치하면 지구의 종말은 불을 보듯 뻔하다. 가까운 장래에 우리 후손에게 물려줄 지구가 사라진다면 역사에 죄인이 따로 없을 터다.

　그래서 지구온난화 주범인 석유와 천연가스를 덜 쓰는 운동인 그린 뉴딜이 이슈화되는 세상이 되었다. 이것 하나 때문에 그린 마켓이 제 세상을 맞고 있다.

그 연장선상에서 아부다비 마스다르와 한국의 새만금이 만날 수 있다. 왜냐하면 가까운 훗날 우리 후손에게 더 살기 좋고 더 살기 편한 세상을 만들어 주기 위해 동시에 삽질을 시작했기 때문이다. 물막이 18년 만에 새만금이 탄생되는 순간이기도 하다.

아부다비 마스다르는 2008년 2월에, 새만금은 2009년 3월에 첫 삽을 들었다. 정확하게 1년 1개월의 사이를 두고 아라비아 해(海)와 중국을 바라보는 서해(西海)에서 말이다.

세계경제자유기지 첫걸음

세계 최초 제로카본시티 아부다비 마스다르는 여의도 4분의 3 정도의 6k㎡인 반면 새만금은 67k㎡다.

2009년 3월 27일 전라북도와 한국농촌공사가 군장산업단지를 마주한 새만금간척지에서 역사적인 첫 삽을 들었다. 당장의 산업용지 수요에 대처하면서 '녹색 성장'의 엔진으로 삼기 위해 2009년 12월 말 새만금 방조제 완성을 앞두고 서둘러진 사업이다. 1단계 1공구 210만k㎡로 시작해 8공구로 나눠 총 1,870k㎡(566만 평)를 매립한다. 소요 사업비는 1조 9,437억 원이다.

새만금산단은 생산과 연구개발, 주거와 공공지원 기능을 함께 지닌 자족복합도시로 구축된다. 55%쯤이 될 산업용지에는 신재생에너지와 탄소소재를 이용한 첨단 자동차와 항공부품 업종을 집중 유치한다.

여기까지 원고지 빈칸을 메우자 아부다비 마스다르와 새만금이 너무나 닮은 동격의 의미와 동질성에 놀라고 만다. 두 역사적인 공사가 똑같이 후손에게 물려준다는 콘셉트를 비롯하여 그린 뉴딜과 버려진 땅의 미완성이라는 등이 그렇다.

그래서 국내 언론들은 새만금의 벤치마킹 대상에 아부다비의 마스다르를 생각했고 이를 기사화한 것일까.

새만금의 모델은 두바이? 아부다비 마스다르!

모든 사건은 팩트(fact)에 의해 진가를 발휘하기 마련이다. 앞에서 두어 차례 기술한 내용이기도 하다. 반복의 의미는 주관적인 관점보다는 객관성 정보 공유가 팩트에 가깝다는 것에 이의가 없다.

새만금의 모델은 두바이? 아부다비 마스다르!
아랍에미리트가 추진 중인 탄소제로 녹색도시
프리존 만들어 무관세와 자본이동의 전면 허용
(동아일보 2009년 4월 7일자 참조)

거듭 밝히지만 지금까지 새만금의 모델은 두바이였다. 하지만 글로벌 금융위기를 거치면서 두바이가 주춤하는 사이 아부다비 마스다르가 대안으로 떠오른 것이다.

2009년 1월 도시국가 아부다비는 마스다르를 통해 녹색개발의 주도권을 잡기 위해 제2회 세계미래에너지회의(WFES: World Future Energy Summit)를 개최하는 열정을 보여 그린 뉴딜에 참여하는 국가들에게 놀라움과 부러움을 동시에 안겨 주었다.

Abu Dhabi Economic 2030 vs 새만금 아마존 프로젝트

2009년은 새만금구축에 일대 전기가 되는 해이다. 우선 지금까지의 새만금이 '땅을 만들기 위해 바다를 막는다' 는 단계였다면 2009년은 '새만금 내부개발이 실천되는 해' 로 구분된다.

새만금구축에 따른 어젠다도 마스다르 동질성과 닮고 있다. '녹색성장' 과 '동북아경제의 중심' 이라는 포맷이 그렇다.

여기에서 '녹색성장' 은 '제로카본시티' 와 동급이고 '동북아경제의 중심' 은 '그린 마켓 리더의 중심' 이 동격이다.

하긴 한국정부는 녹색성장의 패러다임으로 새만금을 동북아의 중심지로 개발해 한국 녹색성장을 견인하는 동력으로 발전시킬 계획이다.

최우선적으로 잠재력이 엄청난 새만금에 신재생에너지 보급을 통해 한국이 온실감축의 일익을 담당하는 일이다. 또 저탄소 녹색도시를 통해 기존 지역과 차별화된 전략 구상을 염두에 두고 있다.

따라서 지금까지 다른 나라가 계획하거나 수립하는 전혀 다른 방식으로 발상의 전환을 전제하고 있다.

'지구의 허파' 로 불리는 아마존처럼 아시아의 대표적 숲을 조성해 온실가스를 흡수하는 방식이다. 새만금 아마존 프로젝트의 실체다.

새만금 아마존 프로젝트는 새만금을 숲과 자연습지가 어우러지고 친환경교통수단이 운영되는 제로카본도시를 만든다는 것이다. 아부다비 마스다르와 너무나 닮은 모양새다.

바로 도시국가 아부다비가 2008년 발표한 '아부다비 2030(Abu Dhabi Economic 2030)'과 동질성까지 나누어 가지고 있다.

예를 들면 146페이지 제5장으로 되어 있는 '아부다비 2030'에서 밝힌 내용은 탈석유시대를 향해 미래를 준비하는 로드맵으로서 새만금이 아부다비 마스다르를 주목하는 이유가 알차게 녹아 있다. 아직 새만금 청사진은 발표되지 않은 상태다. 윤곽만이 있다. 반면 마스다르는 국립 전시장에 모형도시가 화려한 조명 밑에서 빛나고 있다. 이 점은 10년도 아닌 20년 이후의 미래 도시를 예상해 제시한 '아부다비 2030'은 반면교사로 삼기에 충분한 가치와 메시지가 담겨 있다. 크게 다섯 가지다.

하나 - 개발 구상

도시계획가 마르시아 라우에는 〈환경과 인간을 고려한 도시〉라는 책에서 세계는 지금 환경과 인간적인 차원을 깊이 고려한 도시계획의 새로운 도덕률이 필요하다고 강조했다.

도시헌장의 바이블이라고 할 수 있는 1933년 아테네헌장 이후 마추픽추헌장과 메거리드헌장 등에서도 계속 '도시는 지속가능한 자연'과의 조화를 갖춘 중요한 원칙으로 꼽고 있다.

이유는 간단명료하다. 사회적 비용을 지불하고 환경과 문화, 기술과 사회 기능을 갖춘 제로카본시티로 거듭나 후손들에게 고이 물려주는 일이 마스다르의 의무라고 간파한 점이다.

마스다르의 존재가치도 세계 최초 제로카본시티라는 신개념의 도시다. 이를 위해 신재생에너지를 통한 탈석유도시의 실현과 이에 걸맞은 도시구성, 캡슐과 같은 신개념 교통수단 등장에다 이를 광활한 사막 생태계와 조화시키는 일까지 챙기고 있다.

1,500개에 달하는 세계적인 그린 테크놀로지 메이커의 유치와 5만 명의 상주인구(통근인구는 4만 명)를 위한 친환경적 주거문화 실현을 전제하고 있다.

그들의 먹을거리를 위해 글로벌 경제 개념에 따른 무관세무역지대 운영 등 새만금이 기대하는 개발 구상 아이콘들이 그대로 제시되고 있다는 점이다.

둘 - 도시 미래상

2009년 1월 설립된 신재생에너지 관련기구인 '국제신재생에너지기구(IRENA)' 본부를 마스다르에 유치하기 위한 사전포섭 차원으로 한국을 찾았던 술탄 알 자베르 마스다르 CEO는 새만금이 주목할 수준 이상의 도시 미래상을 이렇게 밝혔다.

요약하자면 마스다르를 실리콘밸리처럼 만들겠다는 도시 미래상의 개진이 골자다.

우선적으로 신재생에너지와 관련된 연구와 개발, 생산과 교육기관을 모두 집결시켜 향후 신재생에너지 마켓의 주도권을 선점하겠나는 도시 미래상에 관한 내용이다.

　팩트의 중요성을 제대로 살리기 위해 이 대목은 한국 언론사와 그의 인터뷰를 다시 읽어 보자.

　－중동의 대표 산유국인 아부다비가 신재생에너지에 관심을 갖는 이유는 무엇인가.

　"석유는 언젠가 없어질 것이다. 우리는 40년 전부터 국제에너지 마켓을 분석해 오고 있다. 석유 이후에 아부다비를 먹여 살릴 산업이 신재생에너지라는 판단을 최근 내렸다. 또 국제에너지 마켓에서 지위를 더욱 탄탄하기 위해서도 신재생에너지 테크놀로지를 필요하게 여기고 있다. 석유 이후에 어떤 자원이 에너지 시장을 주도할 것인가에 대한 답은 이미 나와 있다."

　－그래도 신재생에너지 테크놀로지가 빠르게 발전한다면 산유국에는 위협이 되지 않을까.

　"그럴 수도 있다. 그 기술 개발을 우리가 주도한다면 이야기는 달라진다. 우리는 에너지에 관한 한 축적된 정보가 가장 많고 기술개발에 투입할 자금도 충분하다. 지금도 전 세계를 돌며 신재생에너지 기업들과 제휴를 맺고 벤처캐피탈에 막대한 자금을 지원하고 있다. 그중에는 한국 기업도 있다. 우리에게 신재생에너지는 위기가 아니라 기회다."

셋 - 해외 유치 기업의 인센티브 메뉴

아부다비 마스다르 미래를 제대로 완성하기 위한 전제조건으로 자유무역지대 설정이 포함되어 있다. 외국인 100% 지분보유를 비롯하여 무관세, 자본이동의 완전한 자유와 기술적 보호 정책 등 실리콘밸리 수준 이상의 재량권 제공이 제시된 점이다.

두바이의 꿈에는 자벨알리 자유무역지대가 있었듯이 마스다르에서는 그린 시티 안에 철저한 자본 중심 도시를 디자인하고 있다.

녹색신도시 형성과 함께 국제금융이 복합된 그린 파이낸싱 시티라는 점이야말로 해외 기업의 유치에 매력이 아닐 수 없다. 인센티브 메뉴까지 다양화하고 화려하게 제시해서 그들이 먼저 악수하자는 수준의 오일머니 제공가능성도 열어 놓고 있다는 점이다.

아부다비는 이미 자유무역지대(Economic Zones)인 '존코프(Zones Corp)'를 구성해서 운영하고 있다.

마스다르는 이를 그대로 옮기면 된다. 처음 시작과 운영 경험과의 차이에서 해외 기업들의 태도와 접근은 쉽고 동시에 신뢰성에서 명함을 디밀게 된다.

자유무역지대 매뉴얼이 이를 해결해 주는 데 지대한 영향력으로 작용할 것이다. 물론 입에 만 담는 언어의 수사(修辭)와 언어의 향연(饗宴)이 아닌 아부다비투자청이 운용(運用)하는 천문학적인 국부펀드는 마력 이상의 힘을 보탤 수 있다. 새만금에 없는 매력 포인트를 마스다르는 벌써 지니고 있다.

이번 글로벌 금융위기를 겪으면서 위탁운영을 자국운영 패턴으로 바꾸기 시작한 국부펀드(SWF)에도 해외 기업 유치에 많은 도움이 예상되고 있지 않을까 싶다.

넷 – 글로벌 금융의 구원투수 오일머니

2009년 3월 프랑스 칸에서 열린 국제부동산투자박람회인 '미핌 월드(Mipim World) 2009'에서는 새만금의 투자유치 안테나가 작동했다.

한국홍보관 설치를 통해 부동산 개발업체와 투자사, 국제 유명 펀드 운용사와 금융사 등을 대상으로 상담에 열중했다.

여기서도 제2의 사우디아라비아 개발회사 다르 알 살람(Dar Al Salam) 홀딩스 그룹을 기대할 수 있다.

크게 볼 것이 아니라 중동지역 산유국 권역인 GCC 6개국이 요구하고 기대하는 수준의 돈벌이와 먹을거리를 제안하면 된다.

우선적으로 한국이 완성한 강점을 그대로 새만금 메뉴에 얹으면 된다. 예를 들면 와이브로와 IPTV 등 정보통신기술의 제공과 저탄소 녹색성장의 그린 정책 노하우 제공, 그리고 IT기반의 교육 커리큘럼 개발, 판매, 교육과 중동부호용 맞춤 의료시설 제공 등이면 절반의 성공은 이룰 수 있다.

다섯 – 글로벌 게임의 윈윈윈 전략 도입

글로벌 그린 마켓에서는 기존의 마켓과 다른 운영률과 금융질서를 요구하고 있다. 국내용은 갑과 을의 관계에서도 필요조건이 되지만 국제사회에서는 갑과 을 다음으로 소비자 입맛에 맞는 다른 그 무엇까지 고려해야 하는 '병'의 존재를 기억해야 한다. 바로 스폰서피라는 독특한 제도의 운영이 도사리고 있다. 윈윈이 아닌 윈윈윈게임(Win-Win-Win Game)이어야 한다.

그렇다고 깊게 고민할 필요는 없다. 길은 멀리 있지 않다. 기술 선진국 일본과 제조왕국 중국에서 우리가 그동안 배운 수업을 되새기면 부족이 없을 터다.

예컨대 사람이 사는 곳은 별로 다름이 없다. 있다면 삶의 지향점이 종교와 문화의 가치 창조에서 오는 혼란과 차이에 기인할 뿐이다.

이제부터는 그린 뉴딜이 세계적인 화두로 자리를 잡고 있는 세계사적 경제조류에 걸맞게 정책과 제도, 문화와 기술을 제시하는 것에 주목할 수밖에 없다.

바로 새만금이 마스다르에 주목하는 이유의 초대(또는 제안)가 여기부터 시작일 수 있다.

2. 아부다비 마스다르가 새만금에게 보낸 러브레터

2007년 8월 17일.

아부다비상공회의 관련 경제인들이 한국을 찾았다. 이들 일행들은 서울 삼성동 인터컨티넨탈호텔에서 한국정부 관료들과 기업체 임직원을 초청해 처음 공식적인 아부다비 러브레터를 보냈다.

우선 서로를 필요로 하는 상호 동반자 관계 구축을 위한 자리를 만들었다. 이어서 아부다비가 필요한 것과 한국이 필요한 것을 꺼내 들고 통상적인 비즈니스 장을 열었다.

그리고 2여 년이 흐른 지금은 아부다비 마스다르가 한국에 대해서 다른 포맷의 러브레터를 보내기 시작했다.

한마디로 아부다비 마스다르가 새만금에 보낸 러브레터의 내용과 바람은 녹색성장을 기초한 그린 마켓의 거래로 정의된다.

Love Letter 1

모든 거래는 상대가 있기 마련이고 그 사이에서 줄 것은 주고 또 받을 것은 받는 상호 교환의 개념에서 출발한다.

바로 앞에서 새만금이 아부다비 마스다르를 주목한 이유는 줄 것 대신 받을 수 있는 것에 대한 내용이라면 이번 러브레터는 새만금이 줄 수 있는 그 무엇을 알아보는 일이다.

아부다비 마스다르가 새만금에서 얻고 싶은 것은 동시(同時)와 동급(同級)에서 얻어 낼 수 있는 시너지 효과의 공유 부분이다.

왜냐하면 마스다르의 특징은 세계 최초와 세계 최대, 그리고 세계 최고다. 새만금 역시 물막이 공사만 18년의 긴 시간을 보내고 나서 대역사가 시작된다. 모든 사건과 프로젝트 내용이 실시간으로 알려지고 정보가 공유되는 인터넷 경제에서 마스다르와 새만금의 동시와 동급은 시너지효과 내기에 이만한 소재는 달리 찾기가 어렵다.

이 둘은 그린이라는 대명제를 위해 파트너로서 환상의 커플이 될 수 있기 때문이다. 행복한 결혼을 얻어 내려면 우선 마음을 담은 러브레터를 보내는 것이 순서라고 강조하지는 않겠다.

다만 러브레터가 오고 가는 자리에서 사랑이 싹트고 공감대 형성이 이루어진 다음 결혼으로 이어짐을 볼 때 마스다르의 러브레터는 곧 그린 마켓의 만끽을 보장받기가 쉬워진다.

아부다비 마스다르와 새만금은 우리 후손을 위해 미래를 준비하는 미션을 함께 지니고 있다. 아무리 마스다르가 견본도시의 마스터플랜을 구비했다고 해도 완공까지는 아직도 갈 길이 멀다. 공사의 시행착오를 줄이기 위해 보완과 수정은 불가피하다. 건축공학이 하루가 다르게 발전함이 그렇고 신재생에너지 속도가 초속경제를 닮아 발전하는 세상에서 확정된 공사설계는 업그레이드가 필수다.

아부다비 마스다르는 지금 이 시간에도 최고의 기술과 최상의 건축공학을 도입하기 위해 발로 뛰고 있다.

다음으로는 제로카본시티가 내건 기본적인 아이디어에서 세계인이 인정하고 또 보고 싶은 아부다비 마스다르가 되기 위해서라도 새만금과의 아이디어 공유는 필요할 수 있다.

Love Letter 2

오랜 기간 동안 고유가 시대의 수혜자로서 아부다비는 마스다르를 통해 안정된 투자처를 물색하고 있다. 좋은 파트너에 좋은 투자처가 많을수록 천문학적인 마스다르 공사비에 대한 비용 걱정에서 자유스럽다는 것은 경제논리다.

아부다비 마스다르는 이를 익히 알고 있다. 너무나 잘 알고 있다. 천문학적인 새만금 공사비는 정부예산이나 지원으로는 태부족임을 알고 있다면 새만금에게도 더없이 좋은 파이낸싱 정보가 된다.

그러나 보는 것만 믿고 보는 것만 찾고 또 보는 것에서 지갑 끈을 푸는 것이 중동지역 금융가들의 패턴이기 때문에 이들이 먼저 손을 벌리게끔 새만금은 사전 준비와 협상력을 갖추는 일이 시급하다. 이곳으로부터 러브레터 받기가 말처럼 쉽지 않기 때문이다.

말레이시아와 싱가포르에 치중한 아랍 채권 수쿠크 발행을 용이하

게 하기 위해서라도 새만금의 오일달러 유치는 그렇게 물꼬를 터야
한다.

Love Letter 3

새만금 뉴스는 중동지역 신문매체 '걸프뉴스(Gulf News)'와 '칼
리지타임(Khaleej Times)'에 자주 등장하고 있다. 최근의 특집기사
에서도 한국의료시장개방을 다루고 있었다. 마스다르가 없는 한국
현대의술(한방의술 포함)에 주목하고 있었다.

건강에 거액을 쉽게 내놓는 중동지역 갑부에게 필요한 의술을 제
공하는 것에서도 그린 비즈니스는 좋은 아이템이 될 수 있다.

한국이 자랑하는 대학병원 수준의 의료기술을 마스다
르에 입주시키고 그들을 한국으로 불러들이는 일도 고
려사항만은 아닐 것이다. 없는 것을 기대하기보다는 있
는 것을 발전시켜 그들의 러브레터를 받게 하는 일도 매
우 중요하다.

한국보건산업진흥회가 2009년 3월 중동지역 카타르에서 벌인 환
자 유치설명회가 성황리에 마치는 경험도 가지고 있다.

중동지역 부자 환자들은 보통 가족단위로 움직이기 때문에 한 명
이 진료를 받더라도 가족 전체가 한국방문이 가능해진다.

새만금이 이를 잘 알고 준비하는 것으로 알려졌지만 더 적극적인
마케팅 활동을 펴는 지혜를 보탰으면 한다.

Love Letter 4

마스다르가 소재한 아부다비를 비롯하여 중동지역의 국가들이 최근 들어 석유도시에서 녹색도시로의 변화에 열중이다.

앞에서 자주 언급한 대로 쿠웨이트와 사우디아라비아가 매우 적극적이다. 긴 설명 없이 사자성어 어부지리(漁父之利)를 얻어 내는 경쟁심을 이용하는 것도 대안이 된다.

도움말로는 환경과 자연이 사회 슬로건으로 된 것  은 어제오늘의 일이 아니다. 식상하리만큼 듣고 있었다. 기업가 차원에서는 '환경＝비용'의 등식으로 간주해 호응하지 않았을 뿐이다.

그러나 시대가 바뀌고 지도자가 바뀌고 경제 질서가 바뀌면서 소비자 마음이 움직인 것이다.

따라서 그린 테크놀로지와 그린 마켓이 이제 돈이 될 수 있다는 판단에 따라 기업들이 지금은 앞장서고 있다.

최근 세계 선박시장을 주무르던 한국조선업체들이 비축한 선박기술로 풍력발전에 뛰어든 것은 우연이 아니다. 금융위기와 맞물려 장차 중국이라는 경쟁사의 추월을 예상해서 취한 차선책이다.

같은 맥락에서 탁월한 한국선박기술을 응용하여 세계인이 선호하는 최신형 요트를 제조하면 부가가치 면에서 최상이다.

마스다르에 없는, 마스다르가 만들 수 없는 최고급 호화 요트 아이템만이라도 아부다비 마스다르의 러브레터는 따 놓은 당상이다.

Love Letter 5

아부다비 마스다르를 관리하고 운영하는 '아부다비 미래 에너지 (ADFEC)'는 아부다비의 코니치 로드(Corniche Road)에 위치하고 있다.

하루에도 수많은 해외 바이어와 벤더들이 줄을 잇고 있다. 마스다르가 요구하는 수준의 아이템이나 기술을 제안하는 그린 메이커들이 주류를 이룬다.

특별히 이들을 구분하자면 마스다르로부터 러브레터를 받은 계층은 아닐 것이다. 반면 마스다르가 높이 세운 정보안테나에 걸린 파트너가 있다면 응당 러브레터는 받게 된다.

2010년 어느 날.

서울 구로구 벤처타운에 위치한 한 IT업체에게 마스다르가 보낸 러브레터가 날아왔다.

목하 상종가를 치는 로봇 메이커다. 선명한 마스다르 로고가 새겨진 러브레터는 특별한 제안서가 담겨 있다.

그 내용은 잘 알 수 없다. 분명한 것은 향후 마스다르가 필요로 하는 무인 로봇일 것이다.

용도는 이동수단인 캡슐 안내양일 수 있다. 아니면 공사 현장에서 필요한 무인로봇일 수 있다. 그것도 아니면 5만 상주인구들에게 긴요하게 쓰일 가정용 도우미일 수 있다.

러브레터치곤 상업적 냄새가 진하게 묻어나고 있다.

Love Letter 6

세계 어느 나라나 정상외교(頂上外交)에 대한 기대는 크다. 높고도 더 높다. 경제논리로 풀지 못하는 외교적 과제가 정상들 사이에서 해결되고 정리되는 경우가 적지 않다.

2009년 5월 이명박 정부가 우즈베키스탄과 카자흐스탄 순방에 의해 괄목한 성과를 얻어 냈다.

우즈베키스탄에서는 8억 배럴 상당의 수르길 가스전 개발과 화학 플랜트 공사 수주를 얻어 냈다.

카자흐스탄에서도 발하쉬 석탄화력발전소 건설사업을 위한 25억 달러 규모의 협력협정서를 체결했다.

특히 카자흐스탄의 아스타나 대통령궁에서의 이명박 대통령과 누르술탄 나자르에프 대통령과의 폭탄주 뉴스는 정상외교의 새로운 패턴을 보여 주었다.

이를 마스다르에게 적용하자는 바람이 아부다비 현지 동포들 사이에 요구되고 있다. 결론부터 얘기하자면 'T-50(한국산 초고속 고등훈련기)' 수출건에서 4여 년의 수고가 물거품이 되었다.

한국항공우주산업(KAI)의 T-50이 이탈리아의 알레니아 아에르마키사의 M-346보다 가격과 성능 면에서 우월했는데도 탈락의 고배를 마셨다.

아부다비 정부는 성능과 가격과 함께 산업협력에 동시에 점수를 준 결과였다. 한마디로 이탈리아 정부와 업체의 물량공세에 25억 수출 상담이 수포로 돌아갔다.

1978년 3월, 당시 이명박 현대건설 사장은 이라크 바그다드 시장이었던 와아브를 붙잡고 이라크 진출의 전말을 그의 저서 〈신화는 없다〉(197쪽)에서 기술하고 있었다.

어느 역대 대통령보다 중동지역 공사현장을 잘 알고 이해하는 대통령은 청와대 입성 이후 한 번도 찾지 않았다. 못 찾아 가는 이유도 안 찾는 이유도 다 있을 것이다. 하지만 4강 외교에 못지않게 중동지역 정상외교의 힘을 현지 동포들은 기대하는 눈치다.

이번 중앙아시아의 우즈베키스탄과 카자흐스탄의 정상외교처럼 아부다비 마스다르 공장현장도 방문하는 일이야말로 다섯 번째 러브레터를 받는 일에 해당한다. 우리는 아부다비 마스다르가 요구하는 수준의 원자력발전소 발주를 눈앞에 두고 있기 때문만은 아니다.

한국전력이 UAE의 원자력발전소 입찰을 위한 사전자격심사(PQ: Pre-Qualification)를 무난히 통과해서도 아니다.

2009년 6월 아부다비투자청(ADIA) 산하 아부다비투자공사(ADIC)가 대규모 사절단을 이끌고 한국을 방문하여 산업은행과의 투자정보 교류 등을 골자로 한 양해각서를 체결해서가 더욱 아니다.

원전예상가격이 물경 60억 달러(7조 5,000억)라는 초특급 입찰제안 기회이기 때문이다.

특히 이번 UAE 원자력발전소 수주에 나선 경쟁상대는 미국과 프랑스, 일본과 독일 등 쟁쟁한 글로벌 그린 메이커들이다. 잘 알려진 로컬 무비통신 뉴스라고 치부하기는 한국인의 자존심이 걸린 문제와 같다.

우선 과거지사 하나만 들쳐보자. 2009년 2월 25일. 아부다비 국제전시회장에서 열린 '2009 국제방산전시회(IDEX)'는 우리에게 많은 것을 가르쳤다.

마스다르 러브레터가 매우 중요하다는 점과 글로벌 마켓의 경쟁은 가격과 성능 이외의 것까지 구비시키는 일이 포함된다는 점을 말이다.

T-50의 탈락 소식에 고개 숙인 한국항공우주산업 관계자에게 국내 한 언론매체는 이렇게 위료의 주문을 보내고 있었다.

'T-50, UAE의 눈물 잊고 싱가포르에서 비상하다.'

하긴 아부다비 마스다르의 여섯 번째 러브레터는 엄밀하게 구분하자면 위치 선정에 무리가 보인다. 마스다르가 보낸 러브레터가 아닌 마스다르가 위치한 아부다비 동포들이 보낸 러브레타라고 정정해도 좋다.

하지만 아부다비 마스다르 러브레터에서 A학점은 받기 위해 이런 트릭과 억지는 그린 마켓 사회에서는 통할 수 있다. 아부다비상공회의소 인사들이 나누어준 카달로그에는 큰 매 한 마리가 하늘을 향해 비상하고 있다. 마치 비행기가 없는 시대에서는 통신수단으로 매를 이용한 곳이 아부다비답다.

3. 이제 그린 시티는 대세

이른 아침 배달된 신문에 8단 크기의 광고가 눈을 밝힌다.

광고주는 전라북도. 광고의 비주얼은 넓은 바다를 배경 삼아 미래의 새만금을 이미지화하고 있다.

헤드라인은 '상상하라, 글로벌 새만금!' 이다.

보디카피가 더 정답다. '새만금에 어떤 꿈을 그리느냐가 대한민국의 100년을 좌우합니다' 였다.

우선 '글로벌' 과 '대한민국 100년' 에서 강한 미래를 느끼게 만든다. 더 강한 유혹(?)은 이런 광고가 영문으로 변화되어 걸프뉴스나 칼리지타임에도 광고를 게재하였으면 좋을 것 같다.

이러한 광고는 마스다르가 있는 중동지역에서는 흔한 광고가 될 성 싶다. 그린 시티 구축과 조성은 이제 대세이기 때문이다. 탈석유시대라든가 포스트오일시대를 마감하고 새로운 그린 테크놀로지 시대를 준비하는 그들이기에 이런 변화는 이세 시작에 불과하다고 본다.

쿠웨이트의 실크도시와 카바리 미래도시

중동지역에서 그린 시티 구축과 조성은 유행처럼 번지고 있다. 너도나도 앞장서고 있음 그 자체가 대세로 보인다.

2009년 4월 KOTRA가 발표한 '중동 그린 산업과 현황과 기회'에 따르면 진행 중인 마스다르 이외에도 쿠웨이트가 매우 적극적이라고 밝혔다.

쿠웨이트는 실크도시(the city of Silk)와 카바리 미래도시(Khabary Future City) 건설에 나서고 있다. 실크도시는 도심 중앙에 환경지역 조성을 골자로 하고 있다. 2012년 착공에서 2030년 완공으로 공사일정을 삼고 있다. 공사규모는 860억 달러에 달한다.

카바리 미래도시는 친환경 기술을 이용한 에너지와 폐기물 관리 등을 콘셉트로 삼아 주변 자연과 조화를 도모하는 도시를 기대하고 있다. 공사 규모는 55억 달러다.

중동국가들이 이 같은 녹색도시 건설 프로젝트를 통해 전 세계 최고의 브레인 파워와 기술력도 함께 흡수하는 전략을 구사하고 있다.

예를 들면 아부다비 마스다르는 미국 매사추세츠공대(MIT)와 함께 '마스다르 과학기술연구소'를 설립했다.

사우디아라비아 국립대학인 KAUST는 2008년 태양광 에너지 기술개발을 위해 미국 스탠퍼드대학에 2억 5,000만 달러를 투자했고 그린 콘크리트 개발을 위해 버클리대학교에 8,000만 달러를 투자했다.

이러한 녹색도시 건설과 신재생에너지 기술투자는 중국까지 이어지고 있다. 중국의 동해안에 위치한 충밍 섬에서 추진되고 있는 13억 달러의 '동탄 프로젝트'가 주목을 받고 있다. 2050년에 완공되면 50만 명의 그린 도시인이 탄생된다.

덴마크에서 추진되고 있는 'H2PIA 프로젝트'는 소규모이지만 도시 차원에서 처음으로 수소에너지를 본격 활용한다는 점에서 관심을 집중시키고 있다.

대세가 아니다

그린 마켓이 뜨면서 세계는 그린과 금융, 그린과 IT, 그린과 문화, 그린과 교통을 접목시키는 일이 봇물을 이루고 있다.

특히 그린과 교통에서는 사회간접자본(SOC)의 극대화를 위해 '4G'를 제시하고 있다.

예를 들면 Green(녹색교통중심)과 Global(세계화지향), Growth(신성장중심)과 Grid(연계중심) 등을 지칭한다.

우리는 그린과 함께 녹색정책을 팔거나 전수시키는 일을 생각해 볼 수 있다. 자원외교에서 전형적 접근법인 '인프라 줄게 자원을 다오'가 여기에서도 통용될 수 있다.

대세로 보는 것에 진일보된 그린 마켓을 활용하자는 것이 다른 차원의 대세이기도 하다. 더 다른 차원의 달러벌이가 되어야 한다.

CBI(영국기업연합)의 기후변화 대응

2009년 3월 26일.

대한상공회의소에서 개최한 '한-영 저탄소 녹색성장을 위한 Green Business 세미나'가 열렸었다.

주제 발표에 나선 런던 시 지속가능개발 소속의 시몬 밀(Simon Mills) 대표의 주제요지는 그린 시티에 맞추어졌다.

그린 정책 대응에서 한국보다 한발 앞선 영국답게 구체적이고 체계적인 정책을 개발하여 실시함을 알게 했다. 아니 한 수 배우게 했다.

'배출권 거래-포부를 현실로'와 '신재생에너지-비즈니스 구축'은 압권의 압권에 해당되었다.

특히 '신재생에너지-비즈니스 구축'에서는 마스다르가 지향하는 그린 비즈니스가 그대로 일곱 가지 항목에 녹아 있었다.

첫째, 비용효과가 최우선이다.

둘째, 투자자 확산이 극대화되어야 한다.

셋째, 신재생에너지를 위한 새로운 정책적 유인책이 필요하다.

넷째, 배전망 투자가 정리되어야 한다.

다섯째, 에너지 안보 대안의 우선순위가 정해져야 한다.

여섯째, 공급망은 온실가스 정책대응을 위한 자원이 필요하다.

마지막 일곱째, 이행으로의 집중이 필요하다 등이었다. 그린 마켓에서 먹을거리를 만들고 있는 영국의 연구조사와 연구개발에 대한 깊이와 넓이를 조명해 주고 있다.

주한 영국대사관이 그 많은 그린 마켓 자료를 한국어로 변역하여 책자화한 자세와 노력은 아부다비 마스다르나 새만금이 함께 배우는 자세 확립이 요구된 대목일 수 있다.

그냥 대세가 아니다

아부다비 마스다르와 새만금의 동시 (同時)는 서로의 파트너 정신에서 글로 벌 국가경쟁력이 나온다. 동격(同格)의 의미도 같은 제안에서 기대되는 그린 마 켓의 화두가 된다.

중동지역 산유국에서부터 불어오고 있는 제로카본시티의 미래상은 결국 세 계적인 도시 트렌드로 자리를 잡을 것도 바라볼 수 있다.

대세가 아닌 새로운 개념의 그린 도시의 역사를 쓰고 있는 마스다 르가 이를 자임하고 나섰다.

이런 바람은 새만금까지 크게 영향을 미치고 있다.

이 하나 때문에 전라북도가 내보낸 인쇄매체 새만금 광고의 슬로 건을 다시 읽게 만들고 있다.

'Green · Global · Golden － 새만금'

4. 그린 경영의 프리미엄

정말 그랬다. 집을 나온 사람이 가정의 편안함을 아는 법이다. 나라는 떠나 본 사람만이 조국과 국가의 고마움을 잘 아는 법이다.

먼 이국의 공항에서 날개에 태극 문양만 보아도 그 뿌듯함을 느끼지 않았던가. 외국 부두에 정박한 화물선 선미에 나부끼는 태극기를 바라만 보아도 손을 흔들지 않았던가.

조국을 싫어했다 해도, 설사 조국을 미워했다 해도 이국에 있으면 저절로 애국자가 되게 되어 있다. 이를 우리는 귀소국가본능(歸巢國家本能)이라고 한다. 정말 그렇게 믿어도 된다.

나라 안과 나라 밖

아부다비 마스다르와 새만금 사이에 귀소국가본능을 대입시키면 여기서 비즈니스 본령의 회우가 가능하다.

앞에서 여러 차례 강조한 대로 아부다비 마스다르를 제대로 완성하기 위해 아부다비미래에너지(ABFEC) 스태프들은 지금 이 시간에도 전 세계를 누비고 있다.

어제의 신재생에너지 기술이 오늘에 이르러서는 시장에서 외면을 받거나 퇴물이 되는 기술만능시대에서 2016년 완공까지 기술적 발전과 시스템 운영에 관한 변화를 미리부터 체크리스트를 만들어 준비하는 잰걸음 때문이다.

실제로 술탄 알 자베르 CEO도 한국을 찾아와서 업무 관련에 관한 조사·자문·업무협조를 제안했다. 하지만 그들이 요구하는 것은 세계의 최고·최대·최초라는 가이드라인이 있다. 이를 만족시켜야 한다는 전제조건이 붙고 있다.

이게 말처럼 쉬운 일이 아니다. 나라 안에서 한국 1위라 해도 나라 밖의 외국 시장에서는 1위와 거리가 먼 경우도 비일비재하다.

하지만 다행스럽게도 한국은 제1·2차 오일쇼크 이후 중동지역 해외건설로 한국의 제조업을 부흥시킨 경험이 있다.

2000년부터 해외 플랜트 수출로 국부(國富)의 기틀을 만든 역사도 있다.

글로벌 금융위기를 겪으면서 한국의 그린 뉴딜에 따른 각종 정책과 그린 테크놀로지(GT)는 아부다비 마스다르가 요구하는 수준의 여러 기술들이 포함되어 있다.

이를 위해 우리는 아부다비 마스다르에게 러브콜을 하는 몸짓과 눈짓이 필요함은 귀소국가본능과 직결된다.

그린 경영의 러브콜

최근 아부다비 마스다르로부터 러브콜을 받은 한국 업체는 적지 않다. 아부다비 국제공항의 관제탑 공사에서 탁월한 기술력을 제공하고 있는 금호건설을 비롯하여 세계 최고 높이의 '버즈 두바이' 시공사인 삼성물산, 그리고 해수담수화 공장을 건설한 두산중공업이 그들 면면이다.

그린 경영에서 중동지역에 입지를 굳힌 두산중공업은 마스다르가 요구하는 수준의 그린 테크놀로지와 시공능력은 이미 중동지역에서 높은 점수를 받고 있다.

두산그룹 전 계열사는 해상풍력발전 시스템과 해수담수화 플랜트, 그리고 그린인프라 지원사업(ISB) 등을 고르게 잘 갖추고 있다.

특히 두산중공업은 아시아 최초로 3MK급 육·해상 풍력발전 시스템(모델명 WinDS 3,000TM)을 개발했다. 마스다르가 필요하고 요구하고 이에 상응한 기술력까지 구비하고 있다.

이들의 해외담수화 플랜트는 세계 1위 경쟁력을 바탕으로 이제는 수처리(水處理) 부문에 이르기까지 영업을 확대하고 있다.

미국 최대 수처리 메이커인 카롤로(Carollo)와 파트너십을 형성해 세계시장을 넘겨보고 있다.

아부다비 마스다르의 상주인구 5만 명과 통근인구 4만 명이 먹고 마실 물과 도시 기능에 필요한 각종 용수에 드는 물의 수량과 비용은 천문학적이다.

두산중공업은 이미 완공시킨 오만 소하르에 건설한 발전 담수시설을 통해 검증된 기술적 축적마저 가지고 있다.

따라서 두산중공업의 그린 테크놀로지가 마스다르 대역사에 참여하는 데 아무런 부족이 없을 터다. 이들 사이의 러브콜 합창과 행복한 결혼은 기대케 만든다.

두산밥콕은 1990년대 초부터 '순(純)산소 연소기술'을 연구해 세계적인 수준의 노하우를 쌓아 두고 있다.

순(純)산소 연소기술은 화력발전소의 보일러 연소 때에 이산화탄소를 고농도로 포집·저장해 열효율을 높여 주고 배출량을 줄여 주는 그린 테크놀로지다.

아부다비 전역에서 가동 중인 거의 모든 발전소가 천연가스에 의해 발전되는 현실을 감안하면 이 기술의 접목과 필요성은 환상적 수준일 수 있다.

또한 두산인프라코어는 지구온난화의 주범인 이산화탄소를 획기적으로 줄일 수 있는 저공해 천연(HCNG) 엔진을 갖추고 있다.

HCNG란 'Hydrogen Compressed Natural Gas'의 약어로 천연가스에 수소를 혼합하여 연료로 사용함으로써 엔진 내에서 완전연소를 가능하게 하여 질소산화물 같은 배출가스를 획기적으로 줄일 수 있는 저공해 그린 테크놀로지로 구분된다.

2008년 9월 두산인프라코어는 이 기술을 갖추기 위해 원천기술을 보유한 캐나다 HTC 지분 15%를 인수했다.

이 기술을 확보한 업체는 전 세계에서 HTC를 포함해 4곳이다. 이를 마스다르 건설을 책임지고 있는 아부다비미래에너지는 외면할 수 없다. 아니 그쪽에서 먼저 러브콜을 보낼 것이다.

"우리는 에너지에 관한 한 축적된 정보가 가장 많다"고 자신한 술탄 알 자베르 CEO의 언급은 준비된 기업들이 마땅히 받아야 하는 그린 경영의 프리미엄일 수 있다.

정말로 그렇게 되고 또 그렇게 열매를 맺어야 된다.

5. 아부다비 마스다르 실(實)과 허(虛)

색깔에는 감정이 있다. 그린(green)의 다른 표현인 녹색은 노랑과 파랑 사이에 있다. 그린은 따뜻한 색과 차가운 색의 중간에 있다.

무지개(빨주노초파남보)를 떠올리면 쉽게 이해된다. 예부터 그린은 자연을 상징한다. 우선 마음부터 평온하게 해 주기도 한다.

그래서 각종 제품에 그린은 단골로 쓰인다. 긍정적 이미지에 안성맞춤이 되고 있다. 특히 자연과 결합된 상품의 경우가 더욱 그렇다.

아기공룡 '둘리'는 자연이라는 의미를 강조하기 위해 공룡피부색과는 전혀 관계가 없는 그린으로 몸을 칠했다. 이를 마스다르의 그린(또는 그린 지향)에 대입시켜 보면 아부다비 마스다르의 실(實)과 허(虛)에 관한 메시지 윤곽이 나오게 된다. 왜냐하면 아부다비 마스다르는 그린 뉴딜과 거리가 먼 석유산유국 작품(?)이라는 점이다. 그리고 광란의 이미지가 너무나 강한 사막의 중동지역에서 뉴 그린 월드(new green world)가 가능할 수 있을까 하는 일말의 회의론에 쐐기를 박고 있다.

이 두 가지 사실에서 우리는 아부다비 마스다르의 실과 허, 믿음과 거짓, 축복과 저주 등 이분법적 사고를 함께 느끼게 하는 주술(呪術)을 들을 수 있다.

실(實)과 허(虛)의 사이

색깔 감정에서 자연에 가까운 그린은 산천초목이 무성하고 새가 둥지를 틀고 사시사철 강물이 흐르는 그런 자연조건과 일치한다.

산천초목(山川草木)과 삼수갑산(三水甲山)이란 말이 그래서 나왔다. 이를 패러디해 보면 아부다비 마스다르는 우선 아니올시다.

마스다르의 실상과 허상은 부정적 관념의 이미지에서 자유롭지 못하고 있다. 크게 세 가지 측면에서 그렇다.

첫째, 도시국가 아부다비 인구 구성원의 80%가 외국인이다. 아부다비 로컬은 고작 20% 내외다. 이런 불균형 인구 구조에서 자국인만큼 외국인들의 포용을 책임지는 일이 남는다.

이어서 '포스트 오일머니'와 뉴 그린의 새로운 세상인 '제로카본 시티'가 제대로 작동되어야 한다. 그러나 회의론(懷疑論)이 없지 않다. 미완의 직품이 될 것에 대한 우려다.

그러나 이러한 오해와 무지는 하나의 기우에 불과하다.

그들은 이미 고갈될 석유를 대신하여 미래 먹을거리로 문화와 관광을 함께 발전시키기 위한 로드맵을 착실하게 진행시키고 있다.

둘째, '콜럼버스 달걀'이라는 우화처럼 필연적으로 시행착오와 리스크, 그리고 실패론이 대두된다. 김칫독 우거지처럼 따르기 마련 이다.

세계 최초의 개념적 완수야말로 우려와 불안이 함께 공존한 역사 적 교훈임을 우리는 알고 있다.

과연 아부다비 마스다르는 '아부다비 경제발전계획 2030' ('아부 다비 2030'의 다른 표현) 에서 천명한 대로 2016년 성공적인 완공이 가능할까.

그 넓은 사막에서 '제로카본시티'로서의 큰 덕목인 '제로워스트시 티(쓰레기 없는 도시)'를 제대로 완성시킬 수 있을까. 잘 발달된 개 인운송수단인 자동차 대신 캡슐이 과연 안전하고 편하게 이용될 수 있을까.

셋째, 220억 달러에 달하는 도시구축비용에 차질은 없을까. 불변 보다는 가변에서 우리는 살고 있기 때문이다.

그 연장선상에서 다시 더 많은 물음이 꼬리를 문다. 회의론의 중앙 에는 중동지역 이웃들에 대한 안티 목소리가 일고 있다. 시샘과 질 투, 비아냥거림과 외면마저 나오고 있다.

그래도 아부다비 지도자는 매우 강한 톤의 지도력으로 이를 불식 하기 시작했다. 아부다비 지도자다운 용단(勇斷)을 기대해 보자는 다 른 한편의 목소리도 들리고 있다.

이런 경우에 이용되고 있는 마케팅 분석틀인 'SWOT'로 나누어서 살펴보면 아부다비 마스다르의 실과 허에 대한 기대와 기우, 진실과 거짓에 관한 답안이 도출될 수 있다.

6. 명답 도출을 위한 SWOT

하나–아부다비 마스다르의 강점(Strengths)

마스다르는 범정부 차원으로 시행하고 있는 빅 프로젝트의 맨 중앙에 있다. 세계적인 그린 뉴딜에서 독보적인 위치 확보는 최초·최고·최대에서 기념비적 도시국가로의 등극으로 간주되고 있음이 확인되고 있다.

필요한 그린 정보에서 수위를 차지함에 걸맞게 모든 예산집행에서 무리를 두지 않아도 된다는 점이다. 아부다비 지도자가 챙기고 있는 국가적 도시인프라 구비에서 시너지 효과를 극대화하는 여러 가지 장치를 함께 추진하고 있다는 점이다. 루브르 박물관 분원과 포뮬러 1의 개최 등이 이를 방증해 준다.

둘–아부다비 마스다르의 약점(Weakness)

전 세계 어느 곳에서도 제로카본시티의 모범답안은 아직 없다. 구축을 시도해 본 도시가 아직은 없다는 점이다. 이를 커버하는 도시 아이디어와 창의력을 과연 제대로 발휘할 수 있을까 하는 우려다.

우선 거주인구 5만 명(통근인구 4만 명 별도) 삶의 질 향상을 기대할 수 있을까. 세계적인 그린 메이커 1,500개 유치가 과연 가능할까.

무늬만 제로카본시티로서 도시구성이 끝나는 최악의 사정을 배제할 흡인력은 완벽할까.

또한 그린 테크놀로지의 세계는 하루가 다르게 기술발전이 이루어지고 있다. 이런대도 지금 파트너십을 맺은 메이커와 완공까지 함께 갈 수 없다는 점도 거짓 없는 사실이 된다.

셋-아부다비 마스다르의 기회(Opportunities)

140여 국가에서 모인 다국적 거주자들로부터 국제도시의 면모 갖추기가 가능하다는 점이다.

풍부한 국부펀드의 자금력 동원이 도시건설에 뒷받침되고 있다는 사실이다. 국립 전시장 마스다르 모형에서 미뤄 보아도 최상의 도시건설 컨설턴트와 도시 리모델링 메이커들이 줄을 서고 있다는 점이다.

도시 구축이 진행되면 관련 그린 테크놀로지는 비약적으로 발전이 이루어지게 된다.

이로 인한 기술적 수혜자로의 큰 자리를 차지할 확률이 점점 높아가고 있다는 점이 큰 기회로 볼 수 있다.

넷-아부다비 마스다르의 위협(Threats)

중동지역의 경쟁적 비투(쿠웨이트의 실크시티와 카타르의 뉴시티)

가 그린 시티의 이미지를 퇴색시키는 경우를 배제할 수 없다.

중동지역의 지정학적 관점에서의 정치테러에 안전할 수 있을까 하는 기우도 도사리고 있다.

외국인 회사에 대한 법인세와 소득세 100% 면세, 소유개념의 자유로운 자본이동을 보장할 수 있을까.

범정부 차원에서 이러한 우려와 불안부터 챙기는 글로벌 스탠더드를 재천명할 수 있을까 등이 위협 요소로 거론되고 있다.

리스크 구루(guru)인 피터 번스타인의 충고

올해로 아흔 살에 접어든 피터 번스타인은 뉴욕 월 가의 리스크 도사로서 금융을 비롯하여 미래도시에 관한 주문에 일가견이 있다.

리스크 문제에 대해 그의 말을 경청해 보자.

> "우리는 결코 미래를 알지 못한다. 그러니 그에 맞게 행동해야 한다. 리스크 관리는 수학이 아니다. 우리가 알지 못하거나 예상하지 못한 일이 닥쳤을 때 생존(survival)하기 위한, 이를테면 관리 리스크부터 챙겨야 한다."

실과 허를 따져야 하는 부분에서 아부다비 마스다르에게 주는 리스크 구루의 메시지는 여기에도 통용되고 동시에 교훈적 메시지까지 잘 구비되어 있다.

바로 다음 장에 이어질 아부다비 마스다르 교훈(教訓)도 이런 이치이고 맥락이 될 수 있다.

7. 아부다비 마스다르의 교훈

　전 세계가 작당하듯 그린 뉴딜에 목을 매고 있다. 숨김없는 현실이다. 중동지역 산유국들이 '오일 시티'를 '그린 시티'로 변신시키는 일이 다반사로 이루어지고 있음이 그 증거다.

　하긴 2009년 12월 코펜하겐에서 열리는 '유엔기후변화협약'이 성사되면 이 현실은 대세가 된다.

　대세가 점쳐지는 것은 2009년 5월 코펜하겐에서 열린 '기후변화에 관한 세계 기업 정상회의(World Business Summit on Climate Change)'는 유엔기후변화협약 준비에 따른 이산화탄소 배출 합의를 이루도록 촉구하는 내용을 담은 '코펜하겐 선언(The Copenhagen Call)'을 채택했다.

　이번 '코펜하겐 선언'은 각국 기업과 기업인이 CO_2 배출 감축 합의를 지원하는 이른바 '한 목소리'에 다름이 아니었다.

　이에 따라 글로벌 신질서를 위한 논의는 급물살을 타게 된다. 이번

회의를 계기로 코펜하겐은 세계에서 가장 많이 인용되는 도시가 될 가능성이 높다.

이브 드 부어 유엔기후변화협약(UNFCCC) 사무총장은 "오는 12월 회의에서 전 세계는 반드시 공통 합의를 이뤄야 하고 이룰 수 있을 것이다"라고 단언했다.

Countdown to Copenhagen

2009년 12월 덴마크 코펜하겐에서 열릴 '제15차 유엔기후변화협약 당사국총회'까지 남은 시간이 카운트 다운되고 있다. 대세답게 현실적 그린의 미래는 이 국제적 협약 공식 사이트(www.unfccc.net)에서 남은 시간을 그렇게 초 단위로 제시하고 있다.

당사국총회는 '포스트 교토' 혹은 '포스트-2012년 협상'으로 불리면서 그 가운데는 아부다비 마스다르가 맨 중앙에서 한자리를 차지할 것이다.

이를 통해 아부다비 마스다르의 교훈은 빛을 보게 될 수 있다.

첫째, 향후 그린 마켓을 선도하는 클러스터로서 아부다비 마스다르는 존재가치로 인정받고 동시에 더 높게 기치를 세우게 된다.

중동지역 도시들이 미래 먹을거리로 그린 테크놀로지를 택한 점은 제조업으로는 더 이상 발전이 어렵지만 그린 테크놀로지(GT)와 금융을 맺어 주면 행복한 결혼이 성사될 수 있다는 믿음에 의한 국력의 집약이 유행처럼 번지고 있다.

앞에서 여러 차례 강조한 '오일 시티'에서 '그린 시티'의 기대에 대한 일말의 의심이나 흔들림이 전혀 없다. 아부다비 마스다르의 첫 교훈이다.

둘째, 중동지역하면 사막을 연상시키고 동시에 베두인(Bedouin) 이미지에서 그들을 인식하게 된다. 그러나 석유산유국으로서 부와 국부를 쌓은 동안 그들은 옛날의 베두인이 아니다. 세계를 호령(?)했던 그들답게 이제는 그린 마켓에서 세계를 제패하려는 몸짓이 우리의 예상을 이미 넘어섰다.

글로벌 금융위기 다음을 그린 기회로 바꾸려는 정책적 발상이 범상치 않게 진행되고 있다. 지금의 경제위기를 기회로 삼아 '베두인 이미지'와 '탄소배출국 오명'을 함께, 그것도 한 방에 지우려는 몸짓에 날개를 달고 있다. 아부다비 마스다르의 둘째 교훈이 여기에 속한다.

셋째, 철저한 계산과 이해득실에서 유엔기후변화협약에 준비하고 있다는 점이다. 발상의 전환은 이미 대세로서 동기부여인자로 작동하고 있다.

'우리도 하면 된다'는 정책적 발상을 금과옥조(金科玉條)로 삼아 글로벌 그린 마켓의 지도를 다시 그리기 시작했다.

특히 아부다비 마스다르의 매뉴얼을 새롭게 상기할 필요가 있다.

예를 들면 '기후변화 대응전략'에서 빛이 난다.

'기후변화 이해하기(Trends in Climate Change)'에서 시작해

'기후변화 비즈니스 영향분석(Risk & Opportunities to Your Business)'을 거쳐 '비즈니스 포트폴리오 재구성(Reshaping Business Portfolio)'을 주요 주제로 선정해서 조사 · 연구에 임하고 있다.

그린 마켓에서 장사(business)라는 단어가 온통 주류를 이루고 있다. 지금의 '위기를 기회로 삼는다.'는 본심만이 아니다. 진정한 속내는 필요한 기술은 사고서 이를 발전시켜 '포스트 오일'에 대비하고 다른 한편으로는 전문 인력을 양성시켜 세계를 호령하는 그린 비즈니스 용사를 배양시키는 것에 승부수를 띄우고 있는 몸짓으로 이해해도 좋다.

이에 아부다비 마스다르가 주동이 되고 있다. 아부다비 마스다르의 세 번째 교훈으로 받아들이게 하는 대목이 된다.

기후변화 대응의 목표설정(Positioning and Goal Setting)과 실행전략 수립과 실천(Action Plans and Execution)에 이르러서는 그린 매뉴얼이 성경처럼, 때로는 쿠란처럼 보이기도 했다.

다시 원점으로 · 다시 교훈으로

한국의 봉사단원이 아프가니스탄에서 탈레반 무장 세력에 납치되었다. 2007년 7월의 일이다. 그로부터 2여 년의 시간이 흘렀다.

당시 국내 여론은 '중동지역 전문가의 태부족에 대한 우려와 대응'으로 모아졌다. 하지만 지금도 여기에 대한 준비와 결과는 달라지는 것이 하나도 없다.

80번대 학번 이후 현지 박사학위 취득은 지지부진이다. 대학의 인물학 지원 프로젝트도 기대에 못 미치고 있다. 중동지역 수출은 286% 상승했지만 인력 양성은 기대난이 되었다.

아부다비 마스다르 교훈에서 추가되어야 할 제안은 중동지역 인재 양성의 필요성을 꼽지 않을 수 없다.

모든 비즈니스는 기술에 앞서 인재들에서 판가름이 난다. 전문 인력 양성이 어렵다면 미래를 짊어진 우리의 고급 인재를 아부다비 마스다르 등에 보내는 기회라도 주어야 한다.

기회가 곧 동기 부여로 이어지고 여기서 한국의 그린 테크놀로지가 빛을 보일 수 있다.

그린 마켓의 역사를 쓰고 있는 아부다비 마스다르에서 그들의 산·학·관 개념의 생산적인 활동에 기대를 걸어야 할 시점이 바로 지금이다.

확언컨대 석유 1배럴당 60달러가 되어야 신재생에너지산업이 제대로 평가를 받을 수 있다는 점도 외면해도 좋다.

석유 1배럴당 79달러가 한국 무역적자 경계선이라는 지적마저도 무시해도 좋다. 대신 아부다비 마스다르의 변신에 대해서 눈을 크게 뜨고 직시해서 우리와의 파트너십 결성에만 초점을 모아야 된다.

아부다비 마스다르는 중동지역과 아프리카를 아우르는 교두보로서 의미와 가치를 동시에 지니고 있기 때문이다.

다시 언급하자면 새만금이 아부다비 마스다르를 주목한 이유는 '제로카본시티'와 같은 포장이 아니다. 그럴 필요도 없다. 그린과 금융을 잘 조화시켜 우리 후손의 먹을거리를 만들어 주는 완성 차원의 주목이다.

  결실의 열매가 없이는 말장난에 불과하다. 아부다비 마스다르 교훈을 다시 되새겨 보아야 한다.

  그린의 신세계 질서에 국경의 의미는 없어졌다. 그래서 아부다비 마스다르와 새만금이 서로의 독창적인 아이디어든 첨단도시 정보든 돈이든 상관없이 서로가 필요로 하는 것은 주고받으면서 '완성(完成)' 이라는 결과물을 만들어 내는 것이 중요하기 때문이다.

  또 다른 도움말로는 실천의 능력에 따라 이익(benefit)이 따른다는 만고진리를 간과해서는 안 될 것이다.

  이게 바로 제로카본시티 중심지 아부다비 마스다르가 우리 모두에게 한 수 가르친 교훈(敎訓)의 시작이자 마지막이 된다.

에필로그

www.masdaruae.com · 칼리파 대통령 · 석유도시에서 녹색도시로 · 사하라 · IPCC보고서 · OECD보고서 · 토머스 프리드먼 · 쿠쿠하세요! · 쿠란 정신(精神) · 석유제로시대 · 태양광발전 패널 · 캡슐 · 풍력 · LED · 원자력발전 · 그린 테크놀로지(GT) · 그린 뉴딜 · 버락 오바마 · 그린 마켓 · 치킨 게임 · 그린 이코노미 · 그린 잡 · 그린+금융 · 그린+IT · 그린+석유 · 그린+관광 · 베스타스 · 큐셀 · 필립스 · 우시상더 · 새만금 · 프라운호퍼연구소 · CBI · UNFCCC · WNA · 코펜하겐의정서 · 교토의정서 · CDM · CER · BIPV · 하노버 박람회 · T-50 · 원자력발전소-세계 최초 일괄공급방식 · 쿠웨이트 카바리 미래도시 · 실크도시 · fact · Zero Carbon City · Abu Dhabi Masdar · 용병(勇兵) · 초대 · 오일머니 · 수쿠크 · OPEC · IEA · 러브레터 · 교훈 · 해수담수화 · 플랜트 · 프리미엄 · 폴리실리콘 · WWF · 에트하드항공 · 포뮬러1 · 아살라무 알라이쿰 · www.irenauae.com

참고문헌

* 김광오(2009). '기적의 땅, 새만금'. 〈동아일보〉. 4.7.
* 김수언(2007). '폭발하는 수쿠크 시장'. 〈한국경제〉. 1.31.
* 김종도(2006). '아직도 갈 길 먼 이슬람 연구'. 〈조선일보〉. 9.4.
* 김승범(2008). '태양의 아들'. 〈조선일보〉. 6.28.
* 대니얼 예긴(1993). 〈황금의 샘〉. 김태유 역. 고려원.
* 박순욱(2009). '글로벌 그린 에너지 기업'. 〈조선일보〉. 2.11.
* 박형준(2009). '한국원전 첫 수출국은 요르단? UAE?'. 〈동아일보〉. 6.2.
* 서정민(2007). '재미있고 유익한 중동 이야기'. 한국중동협회보. 가을호.
* 선정민(2007). '국부펀드가 달려온다'. 〈조선일보〉. 12.22.
* 성호철(2007). '이슬람도 글로벌 바람'. 〈매일경제〉. 10.9.
* 아랍에미리트 대사관(2006). 〈한 눈으로 보는 UAE〉.
* 안의정(2006). 〈셰이크 모하메드의 두바이 프로젝트〉. 미래사.
* 안정락(2007). '폭발하는 중동 오일머니의 힘'. 〈한국경제〉. 9.22.
* 연영철(2007). 〈아부다비 투자환경 및 진출전략〉. KOTRA.
* 오승구(2006). 〈중동 오일머니 활용 방안〉. 삼성경제연구소.
* 윤상호(2009). 'UAE의 눈물을 잊고'. 〈동아일보〉. 3.9.
* 이근형(2009). '그린 코리아'. 〈디지털 타임스〉. 6.10.
* 이상훈(2009). '이슬람 자금 유치 걸림돌 다 빼낸다'. 〈서울경제〉. 3.18.
* 이성훈(2009). '뜨거운 사막 위 녹색도시'. 〈조선일보〉. 5.9.
* 이영완(2009). '친환경 가로등 코스모폴리스 생산 필립스'. 〈조선일보〉. 3.4.
* 이영희(2007). 'UAE, 2007년도 경제전망'. KOTRA.
* 이영희(2007). 'UAE, 건설ㆍ플랜트 발주 규모 및 관련 기자재 수입시장 현황'. KOTRA.
* 이원복(2007). 〈가로세로 세계사–중동〉. 김영사.
* 이헌재(2008). '디자인은 도시의 미래다'. 〈동아일보〉. 5.7.
* 임은모(2007). 〈글로벌 브랜드 두바이〉. 미래사.

* 임은모(2007). '2500억 달러의 아부다비 초대장'. 프레지던트. 10월호.
* 장용승(2007). 'GE 성장전략은 중동 SOC 원스톱 서비스'. 〈매일경제〉. 6.6.
* 제프리 로빈슨(2003). 〈석유황제 야마니〉. 유경찬 역. 아라크네.
* 정형지(2007). '대체에너지에 왜 열광하는가?'. 〈조선일보〉. 12.22.
* 조현정(2008). '아부다비 신도시개발에 2000억 달러'. 〈매일경제〉. 1.6.
* 주동주(2006). '중동 오일머니 현황과 환류방안'. 국제산업협력실.
* 주성하(2007). 'UAE 카폰 프리 시티 만든다'. 〈동아일보〉. 8.8.
* 차경진(2006). '이슬람 금융 개요'. 해외경제연구소.
* 처지완(2009). '그린 이코노미 현장을 가다'. 〈동아일보〉. 1.1.
* 최진영(2004). '중동문화의 이해'. 한국중동협회보. 여름호.
* 토마스 프리드먼(2009). 〈코드 그린〉. 최영일·이영민 역. 21세기북스
* 한국수출입은행(2006). 〈세계국가편람〉.
* 한국이슬람교중앙회(2006). 〈이슬람은?〉.
* 한배선(2008). '문화의 힘!, 떼돈 버는 루브르'. 〈매일경제〉. 1.11.
* 홍성민(2000). '이슬람은행과 금융'. 중동연구 제18권.
* 황의갑(2005). '이슬람의 이해'. 한국중동협회보. 가을호.
* www.adcci-uae.com
* www.adnh.com
* www.adsm.co.ae
* www.adwec.ae
* www.irenauae.com
* www.go-green.ae
* www.masdaruae.com
* www.wicad.com
* http://cafe.daum.net/dubai4u (다음카페 두바이포유)

임은모 ──────────────────────────────────

|약 력

광고평론가
한국문화콘텐츠학회 부회장
Al Ahmed Green Forum 공동·대표
한일 마케팅포럼 기획위원
한세대학교 광고홍보과 겸임교수 역임

|대표저서

글로벌 브랜드 두바이(2007)
문화콘텐츠 비즈니스론(2003)
디지털 콘텐츠 입문론(2002)
디지털 콘텐츠 게임개발론(2001)
짐 클라크 수익모델 엿보기(2001)
취해도 광고는 바로 간다(1995)
성공기업 광고전략(1992)

|연 재

〈월간 POP Sign〉 광고칼럼 연재
〈월간 디지털 콘텐츠〉 콘텐츠 개론 연재

|강 연

'It's Abu Dhabi & Masdar'
'글로벌 마케팅과 GCC시장 접근전략'

|논 문

'광고전략에서 케이스스터디 영역과 역할에 관한 연구(1997)'
'모바일 콘텐츠에서 기술적 특성과 게임 프로듀싱에 관한 연구(2000)'

탄소제로도시
마스다르의 도전

초판발행 2009년 11월 15일
초판 3쇄 2019년 1월 11일

지은이 임은모
펴낸이 채종준
펴낸곳 한국학술정보(주)
주소 경기도 파주시 회동길 230(문발동)
전화 031 908 3181(대표)
팩스 031 908 3189
홈페이지 http://ebook.kstudy.com
E-mail 출판사업부 publish@kstudy.com
등록 제일산-115호(2000. 6. 19)

ISBN 978-89-268-0519-0 03330 (Paper Book)
       978-89-268-0520-6 08330 (e-Book)